TH.^AS VALLETEAU
DE LA CÔTE.

DICTIONNAIRE

DE

L'ATLAS TOPOGRAPHIQUE

DES ENVIRONS DE PARIS,

en 16 feuilles,

PAR DOM COUTANS;

Donnant le nom de tous les lieux contenus dans cet Atlas, au nombre d'environ dix mille, avec les lettres, chiffres et numéros indiquant les carrés de renvois, pour en rendre la recherche aussi prompte que facile.

A PARIS,

Chez PICQUET, Géographe-Graveur, Palais-Egalité, galerie de bois, n°. 254 bis, côté du Jardin;
DETERVILLE, Libraire, rue du Battoir, n°. 16, quartier de l'Odéon.

AN VIII — 1800.

AVIS DES ÉDITEURS.

Nous avons pensé que, vu l'étendue et les détails de cet Atlas, il étoit essentiel de donner une Table alphabétique à l'aide de laquelle on pût trouver facilement le lieu que l'on desire connoître.

Chaque page de cette Table est partagée en deux colonnes, et chacune d'elles en contient quatre autres, dont la première renferme tous les lieux compris dans l'Atlas; la deuxième, les lettres de l'alphabet; la troisième, les chiffres des carrés; la quatrième, les numéros des feuilles : et par ce moyen, on peut au premier coup-d'œil trouver le lieu que l'on cherche.

EXEMPLE.

Je cherche Versailles : sur la Table alphabétique, je le trouve dans la première des quatre colonnes; en suivant sur la droite, la deuxième m'indique la lettre K, la troisième le chiffre 9, et la quatrième le numéro 10, qui est celui de la feuille où il se trouve. Je prends ensuite dans l'Atlas le numéro 10, je cherche la lettre K, et en suivant son carré perpendiculairement jusqu'à la rencontre du carré horizontal du chiffre 9, je trouve Versailles dans ce carré de rencontre. Il en sera de même pour la recherche des autres lieux.

ANALYSE

de l'Atlas topographique des Environs de Paris, en 16 feuilles.

L'ATLAS que nous offrons au public a été commencé, il y a environ vingt ans, par Dom Coutans, bénédictin de la congrégation de Saint-Maur.

La réputation que s'est acquise cet auteur, nous dispense ici de faire son éloge ; nous nous bornerons à dire que dès sa plus tendre jeunesse, il témoigna beaucoup de goût pour la Topographie, et fit, durant tout le cours de sa vie, sa principale occupation de cette science, qu'il cultiva en homme éclairé et en amateur désintéressé, en y consacrant tous ses momens et sa fortune.

L'exécution de la Carte de l'Académie, quelque satisfaisante qu'elle fût d'ailleurs, laissoit beaucoup à desirer aux nombreux propriétaires de châteaux, fermes et autres domaines qui avoisinent Paris. On avoit, à la vérité, Paris et ses environs en 9 feuilles, levé géométriquement sur un très-grand point, et publié, en 1740, par l'abbé de la Grive ; mais cette Carte, quoique précieuse par ses détails, ne comportoit guère que quatre à cinq lieues de rayon.

Ces considérations firent concevoir à Dom Coutans le dessein de donner, sur une échelle d'un tiers en sus de celle de Cassini, un Atlas des Environs de Paris à quinze ou vingt lieues à la ronde, dans lequel il réuniroit l'exactitude et la précision des détails de la Carte de la Grive, en y figurant, comme lui, les contours des parcs, des bois et des forêts, ainsi que leurs percés, les châteaux et leurs avenues, et autres détails intéressans. Il prit pour base de son travail les opérations trigonométriques des neuf premières feuilles de la grande Carte de France et les Environs de Paris, par l'abbé de la Grive, quoique cet ouvrage n'offrît point à l'œil du spectateur, ces beaux sites formés par les hautenrs et les vallées.

Sans cesse occupé de l'exécution de ce projet, il recueillit de toutes parts les matériaux qui devoient servir à sa composition. Assez heureux pour avoir à cet égard la protection spéciale du Gouvernement, des Cartes gravées et manuscrites lui furent communiquées dans les dépôts des différens ministères; il obtint la même faveur de la Maîtrise des eaux et forêts, ainsi que des ingénieurs des ponts et chaussées, pour les plans des forêts et routes qui se trouvoient dans l'étendue qu'il vouloit donner à son Atlas; enfin nombre de seigneurs et de riches propriétaires se montrèrent jaloux de concourir à cette entreprise, et enrichirent sa collection des plans particuliers de leurs terres.

Non content de la réunion de tous ces moyens, il voulut lui-même, accompagné d'ingénieurs, faire des tournées pour vérifier les points qui laissoient quelque doute, déterminer ceux qui lui manquoient, et mettre l'ensemble qui étoit nécessaire dans toutes les parties qu'il avoit recueillies.

L'impatience du public et les sollicitations pressantes de ses amis, lui firent suivre avec activité les dessins comme l'exécution de cet Atlas, dont il publia les feuilles à fur et mesure qu'elles sortoient des mains du graveur; il en restoit encore quelques-unes auxquelles on n'avoit point fait les corrections, lorsque la révolution vint anéantir les ressources pécuniaires de l'auteur, et la mort, bientôt après, l'enleva aux sciences, aux arts et à ses amis.

C'est à cette époque que nous avons acquis des héritiers Coutans, les cuivres, dessins et autres objets faisant partie du cabinet de ce savant Géographe.

Avant de revoir et corriger cet Atlas, que nous étions dans le dessein de rendre public, nous en avons fait l'examen le plus sévère; et nous nous sommes aisément convaincus de la bonté du plan et de la fidélité des positions en général; nous avons de même reconnu beaucoup d'omissions et d'erreurs de noms, qui provenoient en partie du défaut de corrections, et du trop grand empressement apporté dans la publication des feuilles. Pour remédier à ce mal, et rendre l'Atlas plus intéressant encore, nous nous sommes déterminés à ne rien négliger de ce qui pouvoit lui donner le degré de perfection dont il étoit susceptible. A cet effet, nous nous sommes aidés de nombreux matériaux avec lesquels nous l'avons soigneusement vérifié. On se persuadera difficilement le temps et les soins particuliers qu'il nous a fallu employer à la confection de cet ouvrage.

Les autorités les plus authentiques qui nous ont guidés dans ce travail pénible, sont :

Les 9 feuilles de Cassini, qui donnent les environs de Paris à l'échelle d'une ligne pour 100 toises.

La Carte topographique des Environs de Paris, levée géométriquement sur l'échelle de 5 lignes pour 100 toises, par l'abbé de la Grive.

La superbe Carte des chasses du roi, donnant les environs de Paris, Versailles, Rambouillet, &c. en 12 feuilles, sur l'échelle de 3 lignes pour 100 toises ; chef-d'œuvre de gravure et de topographie, qu'on regrette de ne pas voir terminer.

Le Plan de Paris et environs, de Roussel, en 9 feuilles.

Le Plan de Paris, de Verniquet, en 72 feuilles, pour l'établissement des barrières, et les corrections intérieures.

Les Plans de Versailles, Saint-Cloud, Marly, et leurs parcs, par la Grive, chacun en une feuille.

Le Plan de Versailles et de son parc, par le C. Hervet, ingénieur en chef au dépôt de la guerre.

Celui de Contant-de-la-Motte, en une feuille, 1783.

La forêt de Saint-Hubert, sous la direction de Berthier, en 1764, 2 feuilles.

La forêt de Fontainebleau, réduite de celle de Moussaint, en 1778, 2 feuilles.

La forêt de Sénart, par Dom Coutans, une feuille.

La forêt de Saint-Germain, par Chaillou.

Les forêts de Chantilly, d'Ermenonville, du Lys, Hallate, et les environs de Senlis, par de la Vigne, chacune une feuille.

Les bois et forêt de la Brie, par Chaillou, en 1 feuille.

La route de Paris à Reims, sur l'échelle de 3 lignes pour 100 toises, en 22 feuilles, par Dom Coutans (1).

Les Cartes du canal de l'Yvette, projet de Perronet.

La capitainerie des Tuileries.

Le parc de Meudon et ses environs, le parc de Seaux, le bois de Boulogne, et grand nombre de plans particuliers et manuscrits, parmi lesquels on distingue les environs de Lagny, Coulommiers, Crecy, Saint-Denis, Saint-Germain, Ecouen, Sainte-Geneviève, Rosny, Corbeil, Dreux, l'Ile-Adam, le cours de la Seine, de la Marne, &c. &c. tous sur une très-grande échelle, dont quelques-uns sont jusqu'à 6 lignes pour 100 toises.

On a consulté, pour l'établissement des nouvelles routes et de leur service, le dépôt de la guerre, le bureau du cadastre, celui des ponts et chaussées, ainsi que l'administration des postes, dont nous avons obtenu les renseignemens les plus satisfaisans.

Les personnes qui ont vu les feuilles de cet ouvrage lorsqu'elles ont été publiées pour la première fois, reconnoîtront, à l'avantage de celles que nous annonçons, une différence essentielle en corrections comme en augmentations et additions.

Nous pouvons assurer avec confiance que si cet Ouvrage laisse encore quelque chose à desirer pour la perfection, c'est au moins ce qu'il y a de meilleur en ce genre.

Pour l'intelligence de l'Atlas, nous avons donné au bas du titre un Tableau d'assemblage, réduit avec soin d'après les feuilles de cet Atlas.

Nous recevrons avec reconnoissance les renseignemens qui nous seront communiqués d'après des plans authentiques, et nous en ferons usage, pour peu que l'échelle de notre Carte en comporte la correction.

---

(1) Cet ouvrage, gravé avec le plus grand soin, et accompagné de notices historiques, se vend aux mêmes adresses que cet Atlas.

EXPLICATION DES ABBRÉVIATIONS

qui se trouvent dans la Table alphabétique et dans les feuilles de l'Atlas.

C. comm. . . Commune (*).
H. ham. . . . Hameau.
Ch^{au}. chât. . Château.
F. ferm. . . . Ferme.
AB. abb. . . . ci-devant Abbaye.
P^{ré}. Pré. . . . ci devant Prieuré.
Couv^{t}. . . . . . ci-devant Couvent.
Comm^{ie}. . . . ci-devant Commanderie.
Ch^{le}. chap. . ci-dev. Chapelle.
Hermit. . . . . ci-dev. Hermitage.
M^{on}. . . . . Maison.
M^{in}. . . . . Moulin.
Cab^{t}. . . . . . . Cabaret.
Cab. . . . . Cabane.
P^{on}. Pav. . . . Pavillon.
R. Riv. . . . . Rivière.
Ru. Ruiss. . . Ruisseau.
G^{d}. gr. . . . . . Grand.
G^{de}. gr. . . . . Grande.
P^{t}. Pt. pet. . Petit. Port.
P^{te}. Pte. . . . Petite.
P^{t}. et g^{d}. gr. . Petit et grand.
P^{te}. et g^{de}. pte. et gr. } Petite et grande.
S. S^{t}. S^{e}. . . . Saint, sainte.
H^{t}. . . . . Haut.
B^{s}. . . . . Bas.
H^{t}. et B^{s}. . . Haut et bas.
Et. . . . . Etang.
Gar^{ne}. . . . . . Garenne.
F^{ne}. . . . . Fontaine.
F. . . . . Forêt.
B. . . . . Bois.
P. . . . . Parc.
P^{te}. . . . . Porte.
M. M^{e}. . . . . . Marre.

(*) Sur les cartes, les Communes sont écrites, certaines en capitales majuscules, et la majeure partie en romain.

TABLE ALPHABÉTIQUE

de tous les lieux contenus dans l'Atlas en 16 feuilles des Environs de Paris.

A	lett. alph.	chiff. des carr.	n°. de la feui.
ABBAYE-AU-BOIS, chap.	l	10	10
Abbé (bois l')	p	9	11
Abbecourt, abb.	h	8	6
Abbecourt (bois d')	h	7	6
Abîme (l'), H.	e	12	9
Ableiges, C.	h	4	2
Ablemont, chât.	g	6	6
Ablis, C.	g	15	14
Ablon, C.	n	11	11
Abondant, C.	c	10	9
Abreuvoir (bois de l')	n	12	11
Achères, C.	i	7	6
Acqueville, F.	y	4	4
Acres (les), H.	a	4	1
Adainville, C.	e	11	9
Adam, (bois)	v	4	4
Adrien (Saint), H.	b	1	1
Affonville, H.	a	14	13
Agnan de Gambay (S.), C.	e	10	9
Agnaux (les), F.	e	9	9
Agneaux (les), F.	q	10	11
Agnès (Sainte), F.	t	9	12
Agnicourt, H.	k	6	5
Aigleville, C.	b	2	2
Aigremin, H.	s	10	11
Aigrefoin, F.	k	11	10
Aigrefoin, F.	u	7	8
Ail (S.), H.	x	9	12
Ailly, F.	r	14	15
Aincourt, C.	f	4	1
Aincourt, H.	f	2	1
Aisances (les), H.	u	9	12
Aisemens (les), H.	f	1	1
Alard (moulin)	l	8	6
Allains, H.	b	9	9
Allainville-aux-Bois, C.	h	16	14
Allainville (en Drouais), C.	a	11	9
Alland, ruiss.	v	3	4
Alland, ruiss.	x	3	4
Allemand, H.	d	11	9
Alfort, H.	n	9	11
Almanachs (les), H.	x	7	8
Allère (P. et Gr.), H.	i	2	2

A	lett. alph.	chiff. des carr.	n°. de la feui.
Aloudray, F.	y	3	4
Allots (les), F.	d	7	5
Alluets (les), C.	h	7	6
Alluets (forêt des)	h	7	6
Alluets-le-Roi (les), C. *Voyez* les Alluets.	h	7	6
Amans (bois des deux)	i	6	6
Ambesy (Pt. et Gr.), H.	h	11	10
Amblaincourt, H.	e	12	9
Amblaincourt, H.	l	3	2
Amblainville, C.	k	2	2
Amblainvillier, C.	l	11	10
Ambleville, C.	e	3	1
Amboile, C.	p	10	11
Ambroises (les), F.	u	7	8
Amenucourt, C.	e	4	1
Amilli, C.	b	16	13
Amilly, C.	v	11	12
Ancienville, C.	x	2	4
Ancis (les), F.	u	11	12
Andelu, H. et chap.	g	8	6
Andelys (Gr.), C.	b	1	1
Andelys (Petit), C.	b	1	1
Andelys (Forêt des)	b	2	1
Andeville, C.	k	1	2
Andilly, C.	m	6	6
André (Saint), C.	a	7	5
André (Saint), chap.	p	8	7
André (Saint), hermit.	u	2	4
André (moulin de S.)	a	7	5
Andresis, C.	i	6	6
Andrette, F.	f	15	13
Andrezelles, C.	s	13	15
Angervilliers, C.	i	13	14
Angervilliers (bois d')	i	13	14
Angle, H.	f	15	13
Anières, C.	m	7	6
Anne (Sainte), chap.	e	7	5
Anne (Sainte), chap.	i	1	2
Anne (Sainte), chap.	p	16	15
Anne (Sainte), chap.	n	1	3
Anne (Sainte), chap.	n	6	7
Anne (Sainte), chap.	n	16	15
Anne-Marie (d'), C.	d	10	9

A	lett. alph.	chiff. des carr.	n°. de la feui.
Anet, C. 9 postes	b	8	5
Anet-de-la-Diane (chât. d')	b	8	5
Angleterre, H.	k	1	2
Angreville, H.	a	3	1
Annet, C.	r	7	7
Anserville, C.	l	2	2
Anserville, chât.	l	2	2
Ansicourt, H.	e	3	1
Anteauville, H.	a	10	1
Anthilly, C.	t	3	4
Antoine (Saint), C.	k	9	10
Antoine (S.), H. et chap.	c	10	9
Antoine (Saint), chap.	e	13	13
Antoine (Saint), chap.	f	3	1
Antoine (Saint), chap.	k	5	6
Antoine (Saint), F.	o	8	7
Antoine (Saint), chap.	q	8	7
Antoine (Saint), chap.	v	2	4
Antony, C.	m	10	10
Antouillet, C.	f	9	9
Anville, F.	e	13	13
Apremont, H.	d	6	5
Apremont, H.	g	6	6
Apoline (Sainte), chap.	h	9	10
Apoline (bois de Sainte)	h	9	10
Apoline (Sainte), chap.	i	5	6
Aquilin (Saint), C.	b	6	5
Aragon, F.	s	2	3
Arbois, F.	z	5	8
Arbonne, C.	p	16	15
Arbouviller, H.	i	12	10
Arceuil (Gr.), H. et chât.	g	3	2
Arceuil (Pet.), H.	g	3	2
Archemont, H.	f	3	1
Archer (l'), F.	m	16	14
Arches (les), H.	b	1	1
Arches, F.	x	7	8
Archet, F.	x	7	8
Archevêque (l'), F.	t	16	16
Archevilliers (P. et Gr.), ham.	d	16	13
Arcis, chât.	s	12	11
Arcis (étang d')	i	10	10
Arcueil, C.	m	9	10
Arcueil (aqueduc d')	m	10	10
Arcueil (croix d'), H.	m	9	10
Arculet, H.	h	14	14
Arcy, C.	i	9	10
Arcy (bois d')	i	9	10
Ardenay, H.	h	15	14
Ardenne, H.	i	16	14
Ardenelle, H.	k	14	14
Ardillier (l'), F.	g	14	14
Ardillières, H.	k	12	10
Ardimont, chât.	i	4	2
Argenteuil, C.	l	7	6
Argentières, C.	s	12	11
Argenvilliers, H.	u	14	16
Armainvilliers, chât.	r	10	11
Armainvilliers (bois d')	r	10	11
Armantières, C.	z	2	4
Armandot, F.	z	6	8
Armenon, F.	k	12	10
Armenonville, C.	e	14	13
Armentières, C.	u	6	8
Arnould (Saint), C.	h	14	14
Arnould (Saint), F.	t	1	4
Arnoult (moulin)	s	8	7
Arnouville, C.	f	7	5
Arnouville, C.	n	6	7
Arnouville (chât. d')	n	6	7
Arny, H.	l	13	14
Arouart, F.	z	6	8
Arpajon, C. 4 postes	l	13	14
Arpentigny, F.	u	7	8
Arpentis, chât.	l	11	10
Arpens (bois des 500)	h	11	10
Arpenty, H.	k	13	14
Arquency, C.	c	1	1
Arronville, C.	k	3	2
Ars, H.	i	5	6
Arsenal.	n	9	11
Arsery, F.	u	8	8
Artaud (bois)	y	14	16
Artie, C.	f	4	1
Artoire (garenne de l')	g	11	10
Artois (l'), chât.	g	11	10
Artolu, H.	n	15	15
Arvillers (l'), F.	q	7	7
Aschères, C.	b	13	13
Asnières, C.	n	3	3
Aspremont, C.	o	2	3
Assise (chât. de Sainte)	p	14	15
Assise (bois de Sainte)	p	14	15
Assy en Multien, C.	t	4	4
Assy (chât. d')	t	4	4
Attainville, C.	n	5	7
Attainville, C.	m	5	6
Athis, C.	n	11	11
Athonville (haut), C.	g	15	14
Attilly, C.	q	11	11
Aubergenville, C.	g	7	6
Auberies, H.	f	10	9
Aubervilliers, C. *Voyez* les Vertus	n	7	7
Aubervilliers, moulin	n	8	7
Aubervilliers (font. d')	n	7	7
Aubert (Saint), chap.	i	1	2
Aubert, moulin	k	11	10
Aubete, riv.	g	4	2
Aubetin, F.	x	11	12
Aubetin (d'), riv.	v	11	12
Aubetin (d'), riv.	u	10	12

A	lett. alph.	chiff. des carr.	n°. de la feui.
Aubette, riv.	h	5	6
Aubette, riv.	f	3	1
Aubierge, chap.	u	10	12
Aubigny, C.	q	13	15
Aubigny, H.	d	3	1
Aubin (Saint), C.	g	9	10
Aubin (Saint), C.	k	11	10
Aubin (Saint), C.	a	3	1
Aubin (Saint), H.	n	15	15
Aubin-des-Bois (S.), C.	b	16	13
Aubin-de-Dangu (S.), chap.	c	1	1
Aubvoye, C.	a	3	1
Audience-du-Logis (l'), F.	f	8	5
Audigers, H.	n	16	15
Audrevilliers, moul. et H.	b	16	13
Audrival, F.	t	1	4
Auffreville, H.	e	7	5
Augers, C.	z	12	12
Augis, H.	c	10	9
Augez-Saint-Vincent, C.	s	2	3
Auguets (les), H.	b	9	9
Augustin (Saint), C.	u	9	12
Augustin (Saint), abb.	q	8	7
Aulde (Sainte), C.	x	6	8
Aulnage-la-Fontaine, F.	i	13	14
Aulnage-madame, H.	i	13	14
Aulnay, C.	a	12	9
Aulnay, C.	o	7	7
Aulnay (les grands), H.	g	7	6
Aulnay-sur-Muzy, H.	b	10	9
Aulne (moulin d').	h	11	10
Aulné (moulin d').	m	13	14
Aulnois (les), F.	y	5	8
Aumart, H.	a	1	1
Aumone, H.	d	12	9
Aumone (l'), H.	k	5	6
Aumonerie (l'), F.	x	8	8
Aumonerie (bois de l').	x	8	8
Aumont, C.	p	2	3
Aunay, C.	g	16	14
Aunay, C.	g	7	6
Aunay, F.	n	8	7
Aunay (l'), F.	g	8	6
Aunay, H.	m	10	10
Aunay (Petit), H.	e	9	9
Aunay (Grand), H.	e	9	9
Auneau, C. poste.	f	16	13
Aunette, riv.	q	2	3
Aunets (les), F.	z	9	12
Aunets (les), H.	z	8	8
Aunets (les), H.	b	4	1
Aunois (les), F.	u	10	12
Aunois, H.	z	6	8
Aunoy (chât d').	r	14	15
Aunoy-les-Minimes, C.	y	12	12
Aunoys (les Petits), H.	v	9	12

A	lett. alph.	chiff. des carr.	n°. de la feui.
Auteil, H.	v	10	12
Auteil, H.	x	9	12
Auteuil, C.	g	9	10
Auteuil, C.	m	9	10
Auteuil, C.	u	3	4
Auteuil, F.	r	11	11
Auteuil (moulin d').	g	9	10
Autéverne, C.	e	2	1
Autheuil, C.	a	4	1
Authon, C.	h	16	14
Authon (pavillon d'), F.	h	16	14
Authonne, riv.	s	1	3
Authonne, riv.	t	1	4
Authouillet, C.	a	4	1
Autifle, C.	e	4	1
Automne, H.	s	6	7
Auverneaux, C.	o	14	15
Auvers, C.	l	4	2
Auvers et Saint-Georges, comm.	l	15	14
Auville, H.	c	14	13
Auxebin, H.	a	15	13
Auxonnettes, H.	o	14	15
Aveaux (moulin des).	k	11	10
Ave-Maria (fauxbourg de l').	i	11	10
Aventure (l'), H.	d	6	5
Aventure (l'), F.	r	2	3
Aveny, C.	e	3	1
Avereaux (les), F.	z	6	8
Averne, C.	g	4	2
Avignières, F.	i	8	6
Avilly, H.	o	2	3
Avixe (l'), F.	e	10	9
Avon, C.	r	16	15
Avoye (Sainte), F.	i	11	10
Avrainville, C.	l	14	14
Avre (le), riv.	a	10	9
Avron, chât.	o	8	7
Avron (bois d').	o	8	7
Azy, C.	z	6	8

B

B	lett. alph.	chiff. des carr.	n°. de la feui.
Baal (fontaine de).	o	9	11
Babins (les), F.	n	15	15
Bachambre (la), moulin.	g	5	6
Bachaumont (Pt. et Gr.), ferm.	h	2	2
Bachet, garenne.	r	3	3
Bachivilliers, C.	h	1	2
Bachivilliers, chât.	h	1	2
Bacle (le), F.	n	10	11
Bacon, H.	y	5	8
Badauville, chât.	c	10	9
Bagatelle, chât.	l	8	6

B	lett. alph.	chiff. des carr.	n°. de la feui.
Baglande (la), H.	c	2	1
Baglinval, H.	e	14	13
Bagneaux, H.	t	13	16
Bagneux, C.	m	10	10
Bagnolet, C.	n	8	7
Bahuds, F.	d	9	9
Baignier (Bas), F.	h	12	10
Baignier (Haut), H.	h	12	10
Bailhard, H.	x	8	8
Baillet, C.	m	5	6
Baillets (les), F.	y	7	8
Bailleau, H.	l	13	14
Bailleau-l'Evêque, C.	b	15	13
Bailleau-sous-Gallardon, comm.	e	14	13
Bailleul, bois	n	13	15
Baillolet, H.	e	14	13
Baillon, chât.	n	3	3
Baillon (prieuré de)	n	3	3
Bailly, C.	s	9	11
Bailly, C.	u	13	16
Bailly, F.	s	14	15
Bailly, H.	s	16	15
Bailly, C.	i	9	10
Bailly, F.	u	16	16
Bailly, H.	b	3	1
Baisemont, F.	v	2	4
Bajolet, H.	i	13	14
Bajolet, F.	i	13	14
Bajolet (petite ferme de)	i	13	14
Balagny, C.	g	2	3
Balaincourt, chât.	k	3	2
Balainvilliers, C.	m	12	10
Balancerie (la), F.	r	11	11
Balancourt, C.	n	14	15
Balassière (la), moulin	a	12	9
Baliquets (les), H.	d	5	5
Balisis (Gr. et Pt.), F.	m	12	10
Balivières (les), chât.	a	14	13
Balizy (bois de)	s	1	3
Balleaux, chât.	v	7	8
Balocherie (la), F.	e	11	9
Baloquin, F.	t	10	12
Baltenne (Etang)	i	13	14
Bannost, C.	x	12	12
Bantelu, C.	g	4	2
Barantonnerie (la), F.	i	13	14
Barbannerie (bois de la)	i	6	6
Barbaudière (la), H.	l	14	14
Barbe (Sainte), C.	a	3	1
Barbeau, abb.	r	16	15
Barbeau (bois du petit)	r	15	15
Barberies (les), H.	c	9	9
Barbery, C.	q	2	3
Barbillon (bois de)	z	5	8
Barbison, H.	p	16	15

B	lett. alph.	chiff. des carr.	n°. de la feui.
Barbissonnières (les), bois	p	16	15
Barcy, C.	s	5	7
Bardaury (la), H.	h	7	6
Bardel, H.	g	9	10
Bardouillière (la), F.	b	3	1
Bargny, C.	t	3	4
Barillet, H.	e	11	9
Barlet, F.	y	14	16
Barre, F.	y	6	8
Barre (la), F.	r	15	15
Barre (la), H.	v	9	12
Barre (la), H.	m	6	6
Barre (la), chât.	v	7	8
Barre ruinée (la Gr.)	h	12	10
Barre (la Pte.), F.	h	12	10
Barre-des-Hanches (la), ham.	c	13	13
Barre (moulin de la)	e	9	9
Barre (la), H.	q	11	11
Barrerie (la), H.	k	11	10
Barrisseuse, F.	n	1	3
Barrisseuse (bois de)	n	1	3
Barlonche, H.	x	9	12
Barocherie (la), H.	i	14	14
Baron, C.	r	3	3
Baron (moulin de)	r	3	3
Baronnerie (la), F.	i	14	16
Baronville (chât de)	f	16	13
Barneau, H.	r	12	11
Barny, H.	u	10	12
Bart (moulin de)	g	10	10
Barthelemy (Saint), C.	c	16	13
Barthelemy (Saint), F. et chap.	z	13	16
Barthelemy (Saint), H.	g	14	15
Barthelemy (Saint) en Beaulieu, C.	z	9	12
Barthelemy (S), chap.	c	5	5
Bartinval, chât.	n	3	3
Barusset, F.	u	7	8
Basancourt, H.	i	4	2
Basemont, C.	g	7	6
Basincourt, F.	h	6	6
Basinville, prieuré	e	9	9
Basoches, H.	s	2	3
Baste (la), F.	g	8	6
Baste (la), H.	r	6	7
Basville, chât.	k	14	14
Basville (Petit), chât.	k	14	14
Basse-Croix (la), H.	z	8	8
Basset, moulin	n	7	7
Bassevelle, C.	y	7	8
Bassevelle (Petit), F.	y	7	8
Bassin (du moulin)	z	14	16
Batte (la), F.	e	12	9
Batelerie, ruiss.	i	13	14

B	lett. alph.	chiff. des carr.	n°. de la feui.
Bate (moulin de la)	i	13	14
Batigny, C.	a	7	5
Batonceau (Gr.), H.	f	13	13
Batonceau (Petit), H.	f	13	13
Batonceau (bois de)	f	13	13
Baubigny, C.	o	8	7
Bauchery, C.	z	13	16
Baudelu, F.	p	16	15
Baudeville, ham. et chât.	i	14	14
Baudoins (les), H.	n	16	15
Baudouins (les), H.	h	11	10
Baudreville, H.	r	12	10
Baudrières, H.	y	5	8
Baulieue (la maison)	c	16	13
Baulne, C.	n	15	15
Bauregard, chât.	d	2	1
Bauregard, F.	e	4	1
Baurepaire, F.	i	15	14
Bausseré, C.	f	1	1
Bautheil, C.	v	10	12
Bauve (la), F.	x	6	8
Bayard, F.	z	6	8
Bazoches, C.	g	10	10
Beaucourt, chât.	y	2	4
Beaubourg, C.	q	9	11
Beaubry (le), H.	t	7	8
Beauce (Petit), H.	k	14	14
Beauchamps, chât.	l	5	6
Beauchêne, chât.	d	11	9
Beauchêne, H.	a	4	1
Beauchien, H.	y	9	12
Beaudemont, C.	e	3	1
Beaudicourt, H.	g	14	14
Beaufour, H.	d	12	9
Beaufour (Pt. et Gr.), F. et H.	v	11	12
Beau-Garnier, H.	g	2	2
Beaujard, F.	y	14	16
Beaujardin, chât.	f	1	1
Beaulac, F.	l	15	14
Beaulieu, chât.	d	7	5
Beaulieu, chât.	u	12	12
Beaulieu, F.	r	2	3
Beaulieu, F.	c	10	9
Beaulieu, F.	k	14	14
Beaulieu, F.	i	7	6
Beaulieu, H.	p	14	15
Beaulieu, H.	i	6	6
Beaulieu, H.	m	14	14
Beaumarchais (étang de).	q	4	3
Beaumarchais, H.	s	10	11
Beaumarchais, H.	g	4	3
Beaumarchais (Pt.), H.	s	10	11
BEAUMONT, comm. 4 postes	m	3	2
Beaumont, F.	n	12	11
Beaumont, H.	i	16	14

B	lett. alph.	chiff. des carr.	n°. de la feui.
Beaumont-le-Perreux, prieuré	e	1	1
Beau-Moret, F.	h	12	10
Beauplan, F.	k	11	10
Beaupré, chât.	q	4	3
Beaupré, chât.	r	9	11
Beaupuis, H.	a	9	9
Beauregard, F.	h	8	6
Beauregard, chât.	k	9	10
Beauregard, F.	y	7	8
Beauregard, F.	i	11	10
Beauregard, F.	t	16	16
Beauregard, F.	t	10	12
Beauregard, F.	y	5	8
Beauregard, F. ruinée	g	8	6
Beauregard, H.	t	7	8
Beauregard, H.	x	12	12
Beaurepaire (chât. de)	n	13	15
Beaurepaire, chât.	s	16	15
Beaurepaire, F.	y	6	8
Beaurepaire, H.	v	14	16
Beaurepaire, H.	e	7	5
Beaurepaire, F.	g	8	6
Beaurin, F.	r	2	3
Beaurose, F.	q	11	11
Beaussoins (les), H.	c	5	5
Beauté (moulin de)	o	9	11
Beauterne, H.	d	11	9
Beauvais, F.	x	13	16
Beauvais, F.	f	14	13
Beauvais, F.	g	10	10
Beauvais, F.	b	6	5
Beauvais, H.	i	14	14
Beauvais, H.	o	15	15
Beauvaisière (la), F.	l	14	14
Beauval, F.	f	5	5
Beauval, F.	t	7	8
Beauval, H.	v	6	8
Beauval, H.	t	5	8
Beauval, H.	u	4	4
Beauverger, chât.	q	11	11
Beauvert, H.	l	12	10
Beauvoir, C.	s	12	11
Beauvoir, F.	l	16	14
Beauvoir, H.	f	2	1
Becar, H.	v	6	8
Becheray, H.	d	10	9
Bechereau (moulin de)	g	14	14
Bechereau (moulin de)	k	13	14
Becherel, H.	x	8	8
Becherel (Haut et Bas), ham.	d	4	1
Becherelle, H.	v	15	16
Becheriau, H.	e	12	9
Becherot, F.	y	14	16
Bechevet, F.	k	9	10
Becheville, chât.	h	6	6

B	lett. alph.	chiff. des carr.	nº. de la feui.
Becheville (bois de)	h	6	6
Becheville, F.	h	6	6
Bechevilliers, H.	k	13	14
Becoce (bois de)	q	10	11
Becoiseau, chât.	t	10	12
Becon, chât.	m	8	6
Beconseil, F.	e	9	9
Becotte (la), H.	u	7	8
Becquerais, chât.	c	9	9
Becquerel, chât.	m	1	2
Bectarderie, F.	t	11	12
Begeline, H.	g	7	6
Behoust, C.	f	9	9
Behoust (bois de)	f	9	9
Behoust (étang et moulin de)	e	9	9
Beines (les), H.	e	6	5
Belair, F.	l	14	14
Belair, F.	f	10	9
Belair, F.	l	13	14
Belair, F.	r	9	11
Belair, F.	c	1	1
Belair, F.	l	11	10
Belair, F.	h	11	10
Belair, F.	e	11	9
Belair, F.	h	13	14
Belair, F.	k	11	10
Belair, F.	l	11	10
Belair, F.	m	6	6
Belair, F.	t	16	16
Belair, F.	l	10	10
Belair, château	k	9	10
Belair, chât.	r	9	11
Belair, F.	m	8	6
Belair, F.	p	14	15
Belair.	f	13	13
Belair, F.	i	14	14
Belair (moulin de)	m	9	10
Belair (moulin de)	l	8	6
Belair (cabaret du)	r	7	7
Belair, chât.	l	13	14
Belan, H.	h	2	2
Belay, C.	g	3	2
Belay, H.	m	2	2
Belbac, H.	n	16	15
Belbat	r	16	15
Belfontaine (bois du Pt)	i	6	6
Belfontaine (Gr. et Pt.), ferm.	i	6	6
Belleasisse, chât.	r	9	11
Belleasisse (bois de)	r	9	11
Belleau, C.	y	4	4
Belle-Aye (la), bois	f	1	1
Bellebat, H.	l	12	10
Bellebat, F.	k	9	10
Bellebat (moulin de)	f	6	5
Belle-Côte, H.	d	6	5

B	lett. alph.	chiff. des carr.	nº. de la feui.
Belles-Croix (les), F.	e	12	9
Belles-Croix (les), F.	k	16	14
Belle-Eglise, C.	l	2	2
Belle-Etoile (la), H.	h	7	6
Bellefontaine, F.	p	2	3
Bellefontaines, C.	o	4	3
Belle-Ile, chât.	p	8	7
Belle-Jame, chât.	l	12	10
Bellenet (la), H.	a	14	13
Belle-Panne, F.	h	11	10
Belle-Place, chât.	o	11	11
Bellesme, chât.	r	9	11
Bellet, H.	z	13	16
Bellevales (Pt. et Gr.), F.	z	7	8
Belleville, F.	v	14	16
Belleville, H.	k	11	10
Belleville, C.	n	8	7
Bellevue, chât.	l	9	10
Bellevue, F.	k	16	14
Bellevue, F.	u	16	16
Bellevue, chât.	t	9	12
Bellot, C.	y	8	8
Bellou, chât.	t	7	8
Belloy-en-France, C.	n	4	3
Belombre, H.	q	15	15
Belorme, F.	u	15	16
Belveder, chât.	l	15	14
Benainvilliers, H.	h	7	6
Bennecourt, C.	d	5	5
Bénédictins d'Ivry, abb.	c	8	5
Bénédictines (les), abb.	c	4	1
Bennerie (la), F.	k	12	10
Béneterie (la), F.	k	13	14
Benières (les), F.	s	16	15
Benitre, H.	z	8	8
Benoist (Saint), H.	h	12	10
Benoist (bois de Saint)	h	13	14
Begancourt, moulin	i	11	10
Bercagny, H.	h	3	2
Berceau (le), F.	r	14	15
Berchereau (moulin de).	i	13	14
Berchères, C.	p	9	11
Berchères, C.	d	9	9
Berchères, H.	e	14	13
Berchères, chât.	p	9	11
Berge (la), F.	v	11	12
Bergeresse, F.	v	8	8
Bergerie (la), F.	y	6	8
Bergerie (la), F.	k	14	14
Bergeries (les), F.	f	16	13
Bergeries (les), F.	h	8	6
Bergeries (les), F.	f	4	1
Bergeries (les), chât.	q	15	15
Bergeries (les), chât.	n	12	11
Bergette (la), chât.	v	7	8
Bergniencourt, C.	a	6	5
Berlette, H.	s	1	3

B	lett. alph.	chiff. des carr.	nº. de la feui.	B	lett. alph.	chiff. des carr.	nº. de la feui.
Bernard, moulin	x	14	16	Beureries (les), H.	h	8	6
Bernay, F.	c	4	1	Beureries de Feucherolles (les), H.	h	8	6
Bernay, C.	t	12	12	Beuron, chât.	e	6	5
Bernes, C.	m	3	2	Beville-le-Comte, C.	e	16	13
Berneuse, H.	a	16	13	Beville (pavillon de)	e	16	13
Berneville (la), F.	a	11	9	Beyne, C.	g	8	6
Bernier, H.	b	14	13	Beyne (bois de)	g	8	6
Bernières, C.	a	2	1	Beyne (bois de)	g	9	10
Bernière, F.	c	4	1	Bezalles, C.	x	12	12
Bernouville, C.	e	1	1	Bezarderie, F.	z	6	8
Berny (château de)	m	10	10	Bezion, F.	v	12	12
Beroy, moulin	x	6	8	Bezu-le-Guerry, C.	x	6	8
Bersonne (la), F.	u	7	8	Bezu, F.	e	4	1
Berteaux (les), H.	c	7	5	Bezu (maison de)	i	9	10
Bertèche (la), F.	x	12	12	Bezt (garenne de)	s	3	3
Bertechette (la), H.	h	9	10	Bibobert, H.	a	3	1
Berthenonville, C.	e	2	1	Bibertault-les-Vannes, F.	u	8	8
Berthichère, chât.	g	1	2	Bibertault (étang de)	u	8	8
Bertière (la), H.	e	12	9	Bicès, H.	u	9	12
Bertigny (moulin de)	i	13	14	Bicêtre, chât.	n	9	11
Bertin, chât.	g	10	10	Bicheret, F.	g	9	10
Bertin, moulin	v	9	12	Bicheret, H.	g	10	10
Bertrand (le), H.	t	9	12	Bicorée, H.	x	1	4
Bertrand-Fosse, chât.	p	4	3	Bidonnière, H.	i	7	6
Bertranderie (la), F.	h	11	10	Bien-nous-vienne, F.	d	9	9
Bertranière (la), F.	f	13	13	Bien-nous-vienne (bois de)	f	11	9
Beroy, chât.	n	9	11	Bienfait, H.	i	14	14
Berval, H.	t	1	4	Biercy, H.	v	7	8
Berval (étang de)	t	1	4	Bièvres, C.	l	10	10
Berville, C.	k	2	2	Bièvre (Pt.), chât.	l	10	10
Bervilliers, F.	q	11	11	Bièvre, riv.	m	10	10
Bessancourt, C.	l	5	6	Bièvres (Pte. Thuilerie de)	l	10	10
Bessancourt (pet. F. de).	l	5	6	Bigautière, chât.	b	7	5
Bessancourt (gr. F. de)	l	5	6	Bignon, H.	i	9	10
Bessancourt (gar. de)	l	5	6	Bignonnerie (la), F.	h	10	10
Besoin, H.	l	15	14	Bigue (la), F.	p	2	3
Besmont, C.	t	1	4	Bihaudière (ruiss. de la).	q	16	15
Besmont, F.	u	1	4	Bilbauderie (la), H.	u	9	12
Besons, C.	l	7	6	Bilheux, H.	a	14	13
Besu, les Febves, C.	z	4	4	Bilheux (les Petits)	e	7	5
Besu-S.-Germain, C.	z	4	4	Bilheux (les Grands)	e	8	5
Bête (moulin de la)	l	13	14	Billancourt, F.	i	9	10
Bethancourt, C.	s	1	3	Billardin (la), H.	e	13	13
Bethléem, chap.	a	3	1	Billemont, H.	u	2	4
Bethemont, C.	l	5	6	Bilreau, F.	a	12	9
Bethemont, H.	i	7	6	Billette (la), F.	f	11	9
Betonbazoches, C.	x	11	12	Billy-sur-Ourcq, C.	y	2	4
Betorne (la), H.	d	7	5	Billy, H.	m	14	14
Bettot (chât. de)	y	8	8	Binanville, chât.	f	7	5
Betz, C.	t	3	4	Binots, H.	e	7	5
Betz (moulin de)	t	3	4	Bionval, C.	d	3	1
Bezy, chât.	t	9	12	Biqueterie (la), F.	h	8	6
Bœuf couronné (le), chât.	e	9	9	Biron (moulin de)	m	13	14
Beugneux, C.	z	2	4	Biscorne (bois de)	l	13	14
Beugnon (le), H.	v	14	16				
Beule, H.	g	7	6				
Beurerie (la), F.	i	9	10				

B	lett. alph.	chiff. des carr.	n°. de la feui.
Bisseau, chât.	t	13	16
Bisgaudry, F.	r	7	8
Bissy, chât.	i	13	14
Bistel, H.	i	14	14
Bitibou, H.	x	8	8
Bize, H.	a	3	1
Bizi, C. et chât.	c	4	1
Blainville, chât.	b	11	9
Blaise (la), rivière	a	11	9
Blaise (Saint), abb.	d	7	5
Blaise (Saint), chap.	h	4	2
Blaise (Saint), chap.	i	7	6
Blaise (Saint), chap.	t	13	16
Blaise (Saint), chap.	h	3	2
Blaise (S.), ou Notre-Dame-des-Halles, chap.	d	2	1
Blaise (moulin de Saint).	d	7	5
Blamecourt, H.	f	3	1
Blanche (la), F.	t	16	16
Blanche-Fouasse, H.	k	14	14
Blanchisserie (la), F.	p	2	3
Blanchisserie de Chantilly	o	2	3
Blanc-Menil, C.	o	7	7
Blancy (bois de)	y	1	4
Blandin (Saint), F.	s	9	11
Blandin (Saint), chap.	u	9	12
Blandurand, F.	u	12	12
Blandy, C.	r	14	15
Blanzy, chap.	y	1	4
Blanchard, F.	z	5	8
Blanchardière, F.	q	11	11
Blanville (chât. de)	a	16	13
Blaru, C.	c	5	5
Blaru, F.	e	6	5
Blemur, chât.	m	5	6
Blequancourt, H.	i	1	2
Blery, H.	d	6	5
Bleury, C.	f	15	13
Bliterie (la), F.	z	5	8
Bligny, chât.	k	13	14
Blincourt, C.	n	2	3
Blinvillier, F.	g	10	10
Blois, F.	v	11	12
Blondeaux (les), H.	b	9	9
Bloterie, H.	g	10	10
Bloue (les), F.	t	16	16
Bluche, H.	f	10	9
Blunay, H.	z	15	16
Bobelins, F.	z	9	12
Boesne, C.	r	2	3
Boienval, F.	v	5	8
Boigelou, H.	f	1	1
Boigneville, H.	d	14	13
Boigny, H.	n	15	15
Boinveau (Grand), H.	m	15	14
Boinveau (Petit), H.	m	15	14

B	lett. alph.	chiff. des carr.	n°. de la feui.
Boinville, C.	f	7	5
Boinville-le-Gaillard, C.	g	15	14
Boinville, chât.	i	16	14
Boinvillers, C.	e	7	5
Boinvillers, chât.	e	7	5
Boiron (Petit), F.	s	11	11
Boiron (Grand), F.	s	11	11
Bois (Petit), H.	b	8	5
Bois (moulin du)	o	3	3
Bois-des-Aises, F.	a	12	9
Bois-des-Antes, F.	z	8	8
Bois-d'Autel, F.	p	11	11
Bois-Baudry, H.	x	8	8
Bois-Bazin, F.	s	12	11
Bois-Bercher, F.	a	6	5
Bois-Bérenger	k	8	6
Bois-Blancs (les), F.	l	14	14
Boisbourdin, H.	x	13	16
Bois-Boudran, chât.	t	14	16
Bois-Bracq (le), H.	a	6	5
Bois-Briard, F.	n	13	15
Bois-de-Buis, F.	u	7	8
Bois-Chaland, F.	n	13	15
Bois-du-Chêne, H.	c	5	5
Bois-Cornaille, F.	y	7	8
Bois-aux-Dames, F.	y	15	16
Bois-d'Eau, H.	u	12	12
Bois-d'Esnault (le), F.	d	11	9
Bois-des-Fourches (le), H.	d	13	13
Bois-Dieu, H.	e	12	9
Bois-Dieu, chât. ruiné	g	10	10
Bois (les), F.	g	5	6
Boisdon, C.	x	11	12
Bois-Fermé, H.	x	9	12
Bois-Fourgon, H.	k	15	14
Bois-Franc (le), F.	h	3	2
Bois-Fremy, F.	y	8	8
Bois-Garnier, F.	c	4	1
Bois-Garnier, chât.	u	12	12
Bois-Gauthier, F.	q	13	15
Bois-Saint-George, H.	v	10	12
Bois-Giguet (le), H.	a	6	5
Bois-Gilot, H.	x	9	12
Bois-Guiard (le), H.	d	5	5
Bois-Guiau, F.	u	9	12
Bois-Guichet, H.	v	14	16
Bois-Hébert, F.	t	13	16
Bois-Hémard, H.	f	2	1
Bois-Henry, F.	g	7	6
Bois-Heurteloup, F.	f	9	9
Bois-Hibou (le), H.	b	5	5
Bois-des-Hommes (le), H.	b	6	5
Bois-l'Huilier (le), F.	u	9	12
Bois-Huon, H.	y	9	12
Bois-d'Illiers, F.	d	9	9
Bois-Jambon, H.	c	5	5
Bois-Lamboust, F.	v	11	12

B	lett. alph.	chiff. des carr.	n°. de la feui.
Bois-Breton, F.	s	10	11
Bois-de-Lard, F.	b	7	5
Bois-des-Cauches, H.	m	1	2
Bois-le-Comte, F.	v	12	12
Bois-Louis (le), F.	r	15	15
Bois-Louis, H.	v	11	12
Bois-de-la-Lune (le), F.	v	15	16
Bois-Martin, F.	x	7	8
Bois-Millon (le), H.	a	6	5
Bois-Maugé, H.	x	9	12
Bois-Mongé, H.	r	5	7
Bois-Morel, H.	l	1	2
Bois-la-Nation, C.	q	15	15
Bois-des-Prés, H.	d	11	9
Bois-Saint-Père, H.	x	11	12
Bois-du-Piel, H.	v	14	16
Bois-Ré (le), H.	z	8	8
Bois-Robert (étang de)	i	10	10
Bois-Robert, H.	f	7	5
Bois-Roger (le), F.	i	6	6
Bois-le-Roy, C.	a	8	5
Bois-le-Roi, C. (*Voyez* Bois-la-Nation).	q	16	15
Bois-Saint-Père, H.	z	9	12
Bois-Sebille, H.	z	8	8
Bois-le-Vicomte, chât.	p	6	7
Bois-la-Ville, H.	u	9	12
Boissay, H.	a	15	13
Boisseau, (garenne)	p	4	3
Boisselin, F.	i	11	10
Boisemont, C.	i	5	6
Boisemont, C.	c	1	1
Boisset, C.	a	6	5
Boisset, Hennequin, C.	b	5	5
Boissets, C.	d	8	5
Boissette, C.	p	15	15
Boissière (la), C.	e	12	9
Boissière (la), C.	u	11	12
Boissière (la), C.	k	1	2
Boissière (la), F.	r	1	3
Boissière (la), F.	h	11	10
Boissière (la), F.	h	9	10
Boissière (la), F.	s	11	11
Boissière (la), F.	u	15	16
Boissière (la), H.	b	9	9
Boissière (la), H.	k	14	14
Boissière (la), H.	h	9	10
Boissière (la), H.	c	7	5
Boissière (la), H.	e	4	1
Boissière (bois de la)	e	12	9
Boissière (la basse), H.	e	12	9
Boissière (la), chât.	o	8	7
Boissière (la), chât.	e	12	9
Boissise-la-Bertrand, C.	p	14	15
Boissise-la-Nation, C.	p	14	15
Boissise-le-Roi, C. (*Voy.* Boissise-la-Nation	p	14	15

B	lett. alph.	chiff. des carr.	n°. de la feui.
Boissy, C.	s	3	3
Boissy, C.	v	9	12
Boissy, chât.	c	11	9
Boissy, chât.	l	6	6
Boissy, chât.	s	5	7
Boissy, F.	v	9	12
Boissy, F.	r	14	15
Boissy (bas), H.	i	4	2
Boissy, F.	h	4	5
Boissy, F.	s	16	15
Boissy, H.	n	2	3
Boissy-l'Aillerie, C.	i	4	2
Boissy (bois de)	b	6	5
Boissy-le-Bois, C.	h	1	2
Boissy-le-Cuté, H.	m	15	14
Boissy en Drouais, C.	a	11	9
Boissy (Gr. et Pt.), F.	x	13	16
Boissy-Saint-Leger, C.	o	10	11
Boissy-Mauvoisin, C.	d	6	5
Boissy-Sans-avoir, C.	f	9	9
Boissy-le-Sec, C.	k	15	14
Boissy-sous-S.-Yon, C.	l	14	14
Boiteaux, F.	g	14	14
Boitron, C.	x	8	8
Boitteauville, H.	f	6	5
Bombon, C.	s	14	15
Bonard, (bois)	o	2	3
Boncourt, C.	a	5	5
Boncourt, C.	c	9	9
Bon-Crosson, H.	a	7	5
Bonde (moulin de la)	g	8	6
Bonde (la), riv.	f	1	1
Bondy, C. 1 poste et dem.	o	8	7
Bondy, chât. ruiné	p	13	15
Bondy (forêt de)	o	7	7
Bondoufle, C.	n	13	15
Bonfruit, H.	t	12	12
Boniface, chap.	e	6	5
Bons-Hommes (les), abb.	m	4	2
Bons-Hommes (les), F.	s	8	7
Bonnavis, H.	e	10	9
Bonne, abb.	y	3	4
Bonne (bois de)	y	3	4
Bonneil, C.	y	6	8
Bonnes, C.	i	13	14
Bonnes-Foy (les), F.	u	10	12
Bonnes-Joies, F.	g	5	6
Bonnes-Joies (les), F.	e	3	1
Bonnes-Nouvelles (chât. de)	d	10	9
Bonneuil, C.	n	6	7
Bonneuil, C.	o	10	11
Bonneuil, C.	t	1	4
Bonne-Ville (la), H.	k	5	6
Bonière (la), F.	u	11	12
Bonnières, C. 9 postes	d	5	5
Bonnières, F.	d	5	5

B	lett. alph.	chiff. des carr.	n°. de la feui.
Bonnières (moulin de)...	d	5	5
Bonville, H.	c	16	13
Bonville, H.	f	14	13
Boquet, F.	e	7	5
Boquet (bois de)	d	4	1
Boquets (les), F.	x	5	8
Boquets (les), H.	d	6	5
Borain, F.	h	11	10
Boran, C.	n	3	3
Bord-au-bois, F.	v	8	8
Bord-des-prés, H.	c	7	5
Bord-du-Bois, H.	c	7	5
Borde (la), H.	z	5	8
Borde (la), H.	g	14	15
Borde (la), F.	z	15	16
Borde-de-Chailly (la), F.	z	7	8
Borde-aux-Moines (la), F.	r	15	15
Borde-Jeannette (la), F.	v	7	8
Borde (la), F.	s	13	15
Borde (la), F.	q	11	11
Borde (la), F.	u	14	16
Borde (la), F.	r	1	3
Borde (la), F.	t	10	12
Borde (la), F.	u	8	8
Borde (la), F.	z	9	12
Borde (la), F.	k	7	6
Borde (la), F.	x	12	12
Bordeaux (les), H.	b	7	5
Bordeaux (les), H.	k	10	10
Bordeaux (les), H.	e	2	1
Bordeaux, H.	q	8	7
Bordeau-de-Vigny (le), H. 6 postes	h	4	2
Bordes (les), H.	g	14	14
Bordes (les), H.	h	12	10
Bordes (les), H.	z	7	8
Bordes (les), H.	v	11	12
Bordes (les), H.	s	11	11
Bordes (les), H.	o	14	15
Bordes (les), H.	x	12	12
Bordes (les), H.	u	10	12
Bordes (les), H.	n	12	11
Bordes (les), H.	h	9	10
Bordes (les), H.	x	10	12
Bordes (les), F.	e	15	13
Bordes (les), F.	x	13	16
Bordes (les), F.	s	16	15
Bordes (les), F.	p	12	11
Bordes (les), F.	r	13	15
Bordes (les), F.	p	9	11
Bordes (les), F.	h	11	10
Bordes (les), F.	s	14	15
Bordes-pied-de-fer (les), ferm.	n	13	15
Bordes-l'Abbé (les), chât.	u	15	16
Bordet (le), H.	t	7	8
Bordette (la), F.	v	5	8

B	lett. alph.	chiff. des carr.	n°. de la feui.
Borestz, C.	q	2	3
Borne-Blanche (la), F.	s	10	11
Bornel, C.	l	2	2
Bornes (les), H.	o	13	15
Borneville (bois de)	v	3	4
Borville, H.	c	13	13
Bosc-Roger sous Baguet, comm.	e	3	1
Boshard, F.	e	11	9
Boscroger, C.	b	6	5
Bosquerre, H.	x	10	12
Bosquet, H.	f	1	1
Bosse (la), H.	z	7	8
Bosselette, H.	f	11	9
Bossière (la), C.	b	7	5
Bossière (la), chât.	h	10	10
Bossière (la), chât.	h	10	10
Bossière (la), chât.	m	14	14
Bossus (les), chât.	s	10	11
Bossuts (les), H.	c	6	5
Boteau, H.	a	8	5
Botteaux (étangs des)	i	13	14
Bouaffle, C.	b	2	1
Bouaffle, C.	g	6	6
Bouaffle (Bas), H.	h	7	6
Bouar, H.	b	14	13
Bouart, H.	z	13	16
Bouart, chât.	h	4	2
Boubiers, C.	g	2	2
Boubiers (chât. ruiné de)	g	2	2
Boucagny, H.	e	3	1
Boucauderie (la), F.	h	14	14
Bouc-étourdi, H.	i	14	14
Bouchemont, H.	d	11	9
Bouchemont, F.	f	15	13
Boucher (le), H.	l	12	10
Bouchet, chât.	n	14	15
Bouchigny, H.	f	14	13
Bouchy (le), F.	u	6	8
Bouconville, H.	c	13	13
Bouconvilliers, C.	h	3	2
Boudeville, H.	b	6	5
Boudière (la), F.	o	12	11
Boudons (les), H.	v	7	8
Bouffemont, C.	m	5	6
Bouffetos (les), F.	e	13	13
Bougival, C.	k	8	6
Bouglainval, C.	c	14	13
Bouillant, C.	t	1	4
Bouillancy (chât. de)	t	4	4
Bouillie (la), F.	l	15	14
Boullie (la), H.	k	10	10
Bouillons (les), F.	x	5	8
Bouillon, H.	h	8	6
Bouillons (moulin des)	h	12	10
Bouillons (les), H.	f	1	1
Boulains, C.	t	16	16

B	lett. alph.	chiff. des carr.	n°. de la feui.
Boulaines, chât.	k	2	2
Boulainville, H.	g	16	14
Boulangy, F.	y	7	8
Boular (haut et bas), F. et H.	v	4	4
Boulard, F.	b	11	9
Boullarre, C.	u	3	4
Boulay-Thierry, C.	b	12	9
Boulay-Mivoye, C.	b	12	9
Boulay-les-deux-Eglises, comm.	a	13	13
Boulay-d'Achères (chât. du).	b	14	13
Boulay (le), F.	b	4	1
Boulay (le), F.	e	10	9
Boulay (bois du).	p	9	11
Boulay-Thierry (parc de).	b	13	13
Boulay (le), H.	e	10	9
Boulaye (la), H.	x	5	8
Boulaye (la), H.	u	14	16
Boulaye (la), chât.	a	4	1
Boulaye (la), chât.	s	11	11
Boulaye, F.	s	15	15
Boulaye, H.	c	6	5
Boulaye, F.	h	13	14
Boulaye (la), H.	a	5	5
Boulaye (la), chât.	u	13	16
Boulaye (petite), H.	a	4	1
Boulaye (haute), F.	a	4	1
Bouleaume (le), chât. H. et chap.	h	2	2
Bouleaux (les), H.	d	11	9
Bouleaux (les), F.	t	14	16
Bouleaux (petits), F.	r	9	11
Bouleaux (grands).	r	9	11
Bouleaux (bois des).	k	13	14
Bouleaux (Boquet des).	n	2	3
Boulleaux (les), H.	v	13	16
Boulemont, chât.	h	8	6
Bouleurs, C.	t	8	8
Bouleux, F.	o	1	3
Boulhart (ferme de).	f	12	9
Bouliaux (bois des).	p	10	11
Bouligneau, F.	o	14	15
Boulincourt, H.	f	9	9
Boulivilliers, H.	x	8	8
Boullière, H.	d	10	9
Boulogne, C.	l	9	10
Boulogne (bois de).	m	8	6
Boulogne (pont de).	u	9	12
Boulogne (bois de).	l	9	10
Bouloir, F.	h	6	6
Boulois (la), F.	x	6	8
Boulois (la), H.	x	10	12
Boulon-Jumelle (le), H.	a	4	1
Bouquet (le), chât.	o	9	11
Bouqueval, H.	m	2	2

A	lett. alph.	chiff. des carr.	n°. de la feui.
Bouqueval, C.	h	5	7
Bouray, C.	m	15	14
Bourbaudoin, chât.	t	11	12
Bourbelle (la), F.	s	10	11
Bourbelin (bas et haut), H.	y	5	8
Bourbiton, H.	v	16	16
Bourbonderie (la), F.	q	10	11
Bourdonné, C.	e	10	9
Bourdonnerie (la), F.	c	6	5
Bourdonnière (la), H.	c	4	1
Bourdonnière (la), F.	d	3	1
Bourdon (bois).	p	3	3
Bourdonne, chât.	e	10	9
Bourèche, C.	y	5	8
Bouret (haut et bas), F.	d	13	13
Bour-Fontaine, abb.	v	2	4
Bourg-Egalité, C.	m	10	10
Bourg-l'Abbé, H.	a	10	9
Bourg-Pré, F.	z	10	12
Bourg-Petit, chât.	n	12	11
Bourg-Neuf-en-Prairie (étang du).	g	11	10
Bourg-Neuf, H.	g	11	10
Bourg-Neuf (le), H.	i	13	14
Bourg-la-Reine, C. *Voyez* Bourg-Egalité.	m	10	10
Bourgeois, F.	f	12	9
Bourgeoiserie, H.	b	10	9
Bourget (le), 1 poste et demie.	n	7	7
Bourguignette, H.	k	13	14
Bourguignettes (bois des).	k	13	14
Bourgogne (moulin de).	e	7	5
Bourgognerie (la), F.	r	11	11
Bourguignon, F.	u	14	16
Bourguignon, H.	e	14	13
Bourneville, H.	v	3	4
Bourneville (chât. de).	v	3	4
Bournonville, H.	l	3	2
Bourny (bois de).	v	3	4
Bourse (la) H.	a	14	13
Boursonne, C.	u	2	4
Boury, C.	f	1	1
Boussey, C.	b	7	5
Boussoys, H.	u	9	12
Boussy-S.-Antoine, C.	p	11	11
Boutarenne (moulin de).	h	14	14
Boutarvilliers, chât.	i	16	14
Boutarvilliers, C.	i	16	14
Bout (le petit), H.	f	11	9
Bout-du-Bois (le) F.	g	2	2
Boutes (bois).	v	8	8
Bout-Crotté (le), F.	g	10	10
Bout-Denise, H.	g	5	6
Bout-des-Epines (le) H.	d	6	5
Bout-du-Four, H.	r	9	11
Bout-au-Gervais, H.	c	6	5

B	lett. alph.	chiff. des carr.	n°. de la feui.
Bout-Guillon, F.	g	5	6
Bout-d'en-Haut, F.	g	5	6
Bout-aux-Hayes (le), H.	d	12	9
Bout-du-Monde, H.	r	9	11
Bout-au-Pot, H.	c	5	5
Bout-des-Prés (le), F.	h	12	10
Bout-de-Ville, F.	c	10	9
Bout-Longuetoise (le), ham.	k	16	14
Bouteillerie (la), H.	b	1	1
Boutemonts (les), H.	g	5	6
Boutère (le), H.	e	15	13
Boutigny, C.	d	10	9
Boutigny, C.	n	16	15
Boutigny, C.	t	7	8
Boutigny (ferme de).	t	7	8
Boutilliers (les), H.	s	10	11
Bouton (le), F.	i	11	10
Bouton-couvert, F.	l	14	14
Boutonnier, H.	y	6	8
Bouval, F.	a	2	1
Bouvettes (les), H.	z	1	4
Bouviers, H.	i	10	10
Bouville (Petit), ou Villiers-en-Beauce, C.	m	16	14
Bouville (Grand), H.	m	16	14
Bouville, H.	i	14	14
Bouville, F.	s	2	3
Bouvillers (bois de).	n	3	3
Bouvilliers, H.	l	16	14
Boves (les), H.	f	3	1
Boves, F.	f	2	1
Bovière (la), F.	x	8	8
Bovillers, chât.	i	12	10
Boyard, F.	t	1	4
Boyauville, F.	e	10	9
Boyez, F.	t	14	16
Brailloires, H.	d	9	9
Brainville, H.	p	15	15
Brandelle, F.	h	15	14
Brantigny, H.	z	12	12
Braquerie, H.	i	11	10
Bras-de-fer, F.	o	13	15
Brasles, C.	z	5	8
Brasset (le), ruiss.	s	6	7
Brasseuil, H.	e	7	5
Brasseux, F.	n	13	15
Brasseuse, C.	q	1	3
Brasseuse, moulin.	q	1	3
Brateau, H.	m	14	14
Bray, C.	q	2	3
Bray, C.	e	3	1
Bray (le), H.	b	4	1
Brazais (le), H.	b	9	9
Bréançon, C.	i	3	2
Brsancourt, C.	h	3	2
Breau, F.	u	11	12
Breau, chât.	p	15	15
Breau, C. et chât.	s	14	15
Breau (grand), H.	t	12	12
Breau-sans-Nappe, chap. et chât.	g	15	14
Breau-Saint-Lubin (le) H.	h	15	14
Brêche, riv.	o	1	3
Brechamp, C.	c	12	9
Brecourt, C.	b	5	5
Brecourt, H.	k	3	2
Brecourt (chât. de).	b	5	5
Brecy, C.	z	3	4
Brecy (chât. de).	z	3	4
Brehal (Gr. et Pt.), H.	t	9	12
Brejard, H.	u	10	12
Brelerie (la), F.	r	10	11
Brelu (bois de).	n	1	3
Bremieu, chât.	a	9	9
Bremoiselle, F.	v	4	4
Breny, C.	y	2	4
Brequeille (la), H.	b	14	13
Bresse (la), F.	h	15	14
Bresol, H.	h	7	6
Bresoy, chât.	s	13	15
Bretagne, H.	l	16	14
Bretaignolles, C.	a	7	5
Bretèche (la), F.	f	4	1
Bretèche (la), F.	r	9	11
Bretèche (la), H.	i	8	6
Bretèche (moulin de la).	l	11	10
Breteuil, F.	z	4	4
Breteuil (bas), H.	h	7	6
Bretigny, H.	l	14	14
Bretigny, H.	d	16	13
Bretigny, chât.	m	13	14
Bretoche (la), cabaret.	u	14	16
Bretoche (la petite), F. et cabaret.	u	14	16
Bretonnière (la), H.	v	9	12
Bretonnière (la), H.	y	13	16
Bretonnière (la), H.	i	8	6
Bretonnière (la), haut et vieux chât.	m	13	14
Bretonville, F.	g	15	14
Bretonvilliers, H.	f	16	13
Bretucourt, H.	h	15	14
Breuil, C.	g	5	6
Breuil, C.	t	12	12
Breuil (le), C.	e	7	5
Breuil (le), F.	d	14	13
Breuil (le), F.	i	11	10
Breuil (le), F.	h	2	2
Breuil (le), chât.	c	7	5
Breuil, chât.	f	9	9
Breuil (abb. du).	b	9	9
Breuil (le), H.	m	12	10
Breuil, H.	x	3	4

B	lett. alph.	chiff. des carr.	n°. de la feui.
Breuil, H.	e	9	9
Breuil, H.	f	2	1
Breuil (le), H.	a	7	5
Breuil (bas), F.	e	11	9
Breuil, H.	y	9	12
Breuillet, C.	l	14	14
Breux, C.	l	14	14
Breux (les), F.	z	11	12
Breuilpont, C.	b	6	5
Breval, C.	d	7	5
Breval (bois de)	c	7	5
Breval, F.	i	3	2
Breval, H.	i	3	2
Brevane, chât.	o	10	11
Bréviaires (les), C.	g	11	10
Breviande, chât.	q	14	15
Brey (chap. du)	q	11	11
Brez (le), H.	f	13	13
Brez, H.	e	16	13
Briare, F.	k	3	2
Brice (Saint), C.	n	6	7
Brice (Saint), C.	g	1	2
Brice (Saint), C.	c	16	13
Brichanteau, chât.	d	12	9
Briche (la), C.	l	14	14
Briche (la), chât.	m	7	6
Brichebrèche, F.	x	7	8
Brichet, F.	o	8	7
Brie-Comte-Robert. (*V.* Brie-sur-Yères)	p	11	11
Briconville, C.	b	15	13
Briconville, H.	b	14	13
Brière (la), H.	i	14	14
Brières (chât. les)	n	8	7
Brières-les-Scellés, C.	k	16	14
Brières (moulin des)	l	8	6
BRIE-SUR-YÈRES, C. 3 postes et demie	p	11	11
Brie-sur-Marne, C.	o	9	11
Brinbois, F.	t	16	16
Brinborion, H.	l	9	10
Brinche, F.	t	7	8
Briole (la), F.	u	15	16
Briqueterie, F.	v	3	4
Briquesard, F.	g	13	14
Brissart, H.	b	10	9
Brisses (les), F.	e	9	9
Brissière (la), H.	d	8	5
Briis, C.	k	13	14
Briis (garenne de)	k	13	14
Brison, H.	u	13	16
Brochet, F.	z	6	8
Brodarts, H.	y	8	8
Broderies (les), H.	h	11	10
Brolle, H.	q	15	15
Brosse (la), F.	d	7	5
Brosse (la), H.	e	7	5

B	lett. alph.	chiff. des carr.	n°. de la feui.
Brosse (la), H.	x	9	12
Brosse (la), H.	o	13	15
Brosse (la), H.	k	12	10
Brosse (la), H.	x	10	12
Brosse (la), H.	a	6	5
Brosse (la), H.	x	13	16
Brosse (la), H.	i	11	10
Brosse (la petite), H.	z	10	12
Brosse (la), ferme ruinée.	i	8	6
Brosses (les), F.	z	7	8
Brosses (les), H.	t	9	12
Brosses (les), H.	v	9	12
Brosses (les grandes), H.	z	9	12
Brosse (bois de la)	p	15	15
Brosseron (le), H.	a	13	13
Brossets (les), H.	d	7	5
Brou, chât.	q	8	7
Broué, C.	c	10	9
Brouessy, F.	i	11	10
Brouillards (bois des)	f	2	1
Brouillau (bois de)	f	7	5
Brouville, H.	h	14	14
Broville, H.	b	3	1
Bru, H.	u	16	16
Bruières, C.	m	3	2
Bruières (les), H.	a	8	5
Bruières (chât. de)	m	3	2
Bruille, F.	v	13	16
Brûlée, F.	b	9	9
Brûlé, moulin	k	13	14
Brules (les), F.	z	5	8
Brulins (les), F.	g	12	10
Brulis (les), F.	u	15	16
Brumetz, C.	v	4	4
Brumun, chap. et F.	v	4	4
Brunehaut, chât.	l	16	14
Brunel, F.	f	5	5
Brunel (chât. de)	d	9	9
Bruneterie (la), H.	h	7	6
Brunoy, C.	o	11	11
Brunoy, chap. et H.	t	5	8
Brunoy (petit chât. de)	o	11	11
Brusses (les), F.	y	4	4
Bruxelle, H.	z	7	8
Bruyère (la), F.	y	10	12
Bruyères (les), F.	h	13	14
Bruyère (petit et grand), H. et F.	v	13	16
Bruyères (les), H.	k	13	14
Bruyère (haute), H.	e	12	9
Bruyère-le-château, C.	l	13	14
Bruyères de la Chenaye.	e	11	9
Bruyères de la Harasserie	f	11	9
Bry, H.	u	10	12
Bu, C.	c	10	9
Bu (chât. de)	c	9	9

B	lett. alph.	chiff. des carr.	n°. de la feui.	B	lett. alph.	chiff. des carr.	n°. de la feui.
Bu (le), F.	p	3	2	Buisson-Bailly, H.	x	10	12
Buats (le), chât.	x	11	12	Buisson-des-Coudres, H.	e	8	5
Buc, C.	k	10	10	Buisson-Fallu, chât.	a	7	5
Buc (haut), H.	k	10	10	Buisson-Manjard, H.	e	6	5
Bucaille (la), H.	c	2	1	Buisson-de-May, H.	e	6	5
Bucaille (bois de la).	f	4	1	Buisson-Maignan, F.	l	5	6
Buchaille (la), F.	c	8	5	Buissonet, H.	f	12	9
Buchelay, C.	e	6	5	Buissonnerie (la), chap.	g	11	10
Buchelay, F.	d	11	9	Buissons-Oudiarts (les), ham.	f	9	9
Bucher (le), F.	v	2	4	Buisson de Quedan.	u	3	4
Buchet (grand), H.	f	2	1	Buisson-Rabot, H.	a	6	5
Buchettes (moulin des).	l	7	6	Buisson-Maître-Robert, ham.	a	7	5
Bucqueterie, F.	i	12	10	Buisson-Sagou, H.	a	6	5
Bucre, H.	y	4	4	Buitre, H.	t	1	4
Bucy, chât.	m	6	6	Bulas, chât.	e	16	13
Budinerie (la), F.	h	12	10	Bulée (moulin de la).	l	8	6
Bueil, C.	c	7	5	Bullion, C.	i	13	14
Bufosse, F.	p	1	3	Bullots (bois des).	f	1	1
Bufosse (bois de).	p	1	3	Buloyer, F.	i	10	10
Buhottière (la), F.	v	11	12	Buquet (le), F.	c	2	1
Buhy, C.	e	2	1	Bure, H.	h	7	6
Buis (le), H.	r	8	7	Bures, C.	k	11	10
Buis (les), F.	y	8	8	Bury, H.	m	6	6
Buisson (le).	i	11	10	Bus (le), C.	d	3	1
Buisson (le), chât.	o	9	11	Busagny, F.	k	5	6
Buisson (le), chât.	p	11	11	Busanval, chât.	l	8	6
Buisson (le), chât.	v	9	12	Busserolle, H.	x	7	8
Buisson (le petit), F.	e	11	9	Bussières, C. 9 postes et demie.	x	7	8
Buisson (gr. et pet.), H.	u	16	16	Bussiare, C.	x	4	4
Buisson-de-la-Chaussée (le).	s	2	3	Bussy-le-bas, F.	z	1	4
Buisson (le), F.	f	8	5	Bussy-Saint-George, C.	q	9	11
Buisson (le), F.	u	14	16	Bussy-Saint-Martin, C.	q	9	11
Buisson (le), F.	s	15	15	But, H.	t	7	8
Buisson (le), F.	z	10	12	But (le), H.	c	5	5
Buisson (le), F.	g	11	10	Butais, H.	l	5	6
Buisson (le), F.	l	11	10	Butard (le), F.	k	9	10
Buisson (le), F.	q	9	11	Bulté (la), F.	q	3	3
Buisson, F.	z	6	8	Butte (la), F.	q	1	3
Buisson (le), F.	z	8	8	Butte (la), F.	z	9	12
Buisson (le), F.	k	15	14	Butte (la), H.	h	8	6
Buisson (le), F.	h	9	10	Butte (la), H.	z	9	12
Buisson (le), H.	k	14	14	Butte (la), H.	i	13	14
Buisson (le), H.	y	9	12	Butte (la), H.	c	7	5
Buisson (le), H.	v	9	12	Butte (la), H.	d	6	5
Buisson (le), H.	o	15	15	Butte (la), H.	e	14	13
Buisson (le), H.	i	11	10	Butte de Tombray.	p	2	3
Buisson (le), H.	a	3	1	Butte Chaumont.	m	11	10
Buisson (le), H.	u	11	12	Butte-au-Feret, H.	c	5	5
Buisson (le), H.	f	10	9	Butte-aux-Gens-d'armes.	p	3	3
Buisson (le), H.	z	5	8	Butte-Jeannette, chât.	c	8	5
Buisson (le), H.	c	5	5	Butte de Monthoron.	k	9	10
Buisson (le), H.	a	7	5	Butte des Rochers.	h	13	14
Buisson (le bas), H.	a	10	9	Butte-Verte (bois de la).	e	6	5
Buissons (les), H.	d	5	5	Butel, H.	s	8	7
Buissons (les), H.	b	9	9				
Buissons (les), H.	b	8	5				

B	lett. alph.	chiff. des carr.	n°. de la feui.
Butet, H.	x	8	8
Butharnet, H.	y	9	12
Button, H.	k	11	10
Butroy, F.	k	7	6
Butry, H.	l	4	2
Buttes (les), F.	h	11	10
C			
CABANE, F.	h	1	8
Cabane (la), cabaret.	c	15	13
Cabanne (la), F.	k	11	10
Cabaret-Rouge, H.	y	7	8
Cabarets (les), F.	x	7	8
Cabin, ou le Perché-en-Vallée, F.	g	4	2
Cablerie (la), F.	b	9	9
Cachan, C.	m	10	10
Cachan (moulin de).	m	10	10
Cadis, H.	e	13	13
Cadix (F. et moulin de).	e	13	13
Cadot, F.	m	3	2
Cafrouge (moulin de).	m	13	14
Cage (maison de la).	m	7	6
Cagny, H.	r	11	11
Cahaignes, C.	d	2	1
Caille (la), F.	x	11	12
Cailleboterie (la), H.	c	9	9
Caillouer, abb.	g	1	2
Caillouet, C.	a	6	5
Calles-aux-Joncs (les), F.	y	7	8
Cajot, H.	e	1	1
Calabre (la), F.	u	8	8
Calandre.	q	8	7
Calterie (la), F.	b	5	5
Calvaire, chap.	y	3	4
Camaldules, chât.	o	11	11
Camaldules (bois de).	o	11	11
Camp-Auger, H.	v	9	12
Camp-de-César.	n	2	3
Camp-de-César.	g	3	2
Camps (les), F.	h	10	10
Canada, H.	f	7	5
Candilly, H.	o	1	3
Caneville, abb. ruinée.	o	1	3
Canivets (les), H.	e	8	5
Cantelou, H.	c	1	1
Cante-Marche, F.	c	5	5
Cantier, F.	f	1	1
Cantier, C.	d	2	1
Caprais (Saint), chap.	d	6	5
Capucins, H.	q	14	15
Capucins (les), chap.	k	16	14
Capucins (les), abb.	k	5	6
Capucins des Grands-Andelis.	b	3	1

C	lett. alph.	chiff. des carr.	n°. de la feui.
Capucins de Saint-Brice, couvent.	c	16	13
Capucins (les) de Courbevoye.	l	8	6
Capucins (les) de Coulommiers.	v	9	12
Capucins (les) de Crepy.	s	2	3
Capucins (les) de Dreux, abb.	b	11	9
Capucins (les) de Limay.	f	6	5
Capucins (les) du bas de Meudon.	l	9	10
Caquerets (les), H.	z	6	8
Caquetons (les), F.	z	7	8
Carquois (le), F.	b	5	5
Carcassonne, F.	g	8	6
Carcassonne (bois de).	g	8	6
Cardinaux (les), H.	c	7	5
Carrières (les).	g	11	10
Carrières (les), H.	c	6	5
Carillon, H.	c	16	13
Carlée (la), F.	f	6	5
Carnaux (les), H.	i	16	14
Carnaux (les), H.	m	6	6
Carneaux (les), H.	i	5	6
Carnelle (forêt de).	n	3	3
Carnelle (forêt de).	m	3	2
Carnetin, C.	q	8	7
Carnette, F.	e	7	5
Carreaux (les), F.	i	13	14
Carrefour, H.	k	16	14
Carrés (bois des).	l	12	10
Carrière (la), maison.	c	16	13
Carrière (la), F.	f	3	1
Carrière, F.	k	16	14
Carrières sous Poissy, C.	i	7	6
Carrières (les), F.	i	11	10
Carrières aux Loups.	l	8	6
Carrières-Saint-Denis (les), C.	k	8	6
Carrières (les), H.	n	2	3
Carrières (fontaines des).	o	5	7
Carrières de Saint-Leu.	n	2	3
Carrières à Champion, dans la forêt de Fontainebleau.	q	16	15
Carrières de Trossy.	n	2	3
Carieuses (les), H.	q	1	3
Carrois, C.	u	13	16
Carrois (chât. de).	u	13	16
Cas-Rouge, F.	u	15	16
Cas-Rouge, F.	x	9	12
Cassant, chât.	l	4	2
Cassant (bois de).	l	4	2
Casseau (bois de).	r	16	15
Casse-pot, riv.	r	16	15
Casserie (la), H.	c	9	9

C	lett. alph.	chiff. des carr.	nº. de la feui.
Cassieaux (les), H.	l	11	10
Cassien (Saint), chap.	p	11	11
Cassigny, H.	m	13	14
Cassienne (la), chât.	u	5	8
Cassoterie (la), F.	u	16	16
Caterie (la), F.	z	7	8
Catherine (Sainte), F.	u	16	16
Catherine (Sainte), chap.	u	4	4
Catherine (Sainte), chap.	c	4	1
Catherine (bois et côte de Sainte)	l	13	14
Candilly, F.	u	5	8
Cavaliers (les), H.	f	4	1
Cave (la), H.	n	2	3
Cave (la), F.	q	15	15
Cave (bois de la)	n	2	3
Cave-à-Coignard	r	16	15
Cavée (bas de la), H.	c	16	13
Cavée (haut de la), H.	c	16	13
Cavergnon, C.	t	3	4
Caves (les), F.	s	8	7
Cavette (la), H.	q	5	7
Cavillon, H.	m	1	2
Cazinière, F.	z	6	8
Célestins (les), prieuré.	f	15	13
Célestins (les) de Limay.	f	6	5
Celle (la), C.	t	9	12
Cely, C.	p	16	15
Cely (chât de)	o	15	15
Cense (chât. la)	i	13	14
Cent-Arpens (bois de)	h	9	10
Cente (ruines de la)	a	3	1
Cerazereux, C.	b	13	13
Cercay, chât.	p	11	11
Cerfroid, abb.	v	4	4
Cerfroid (bois de)	v	4	4
Cerisiers (les), F.	p	10	11
Cernay-la-Ville, C.	h	12	10
Cernay, chât.	l	6	6
Cerne (la), F.	v	14	16
Cerneux, C.	y	11	12
Cerny, C.	m	15	14
Cerqueux, H.	f	14	13
Cerqueux, F.	t	11	12
Certigny, H.	v	5	8
Cervigny, F.	p	13	15
Cesson, C.	p	14	15
Cessoy, H.	v	15	16
Cezardière, H.	l	14	14
Chabauillerie (la), F.	t	8	8
Chafoulé, chât.	v	9	12
Chagny, H.	f	14	13
Chagny (bois de)	f	14	13
Chagrenon, H.	l	15	14
Chaiets, H.	g	5	6
Chaige (la), chât.	n	11	11
Chaigne, C.	c	5	5

C	lett. alph.	chiff. des carr.	nº. de la feui.
Chaignolles, C.	c	6	5
Chaillois-l'Abbé, F.	z	6	8
Chaillonet, F.	s	6	7
Chaillot, C.	m	8	6
Chaillot (grand), F.	i	13	14
Chaillot (bas), F.	u	14	16
Chaillot (haut), F.	u	14	16
Chailloy, H.	v	10	12
Chailly, C.	v	10	12
Chailly, chât.	q	8	7
Chailly (bois de)	p	15	15
Chailly (bois de)	q	8	7
Chailly-en-Bière, C. 6 postes	p	16	15
Chaimasson, F.	y	9	12
Chaine (la), F.	h	9	10
Chair-aux-Gens, H.	y	10	12
Chaise (la), F.	u	14	16
Chaises (les), C.	b	14	13
Chaises (les), F.	v	8	8
Chaises (les), H.	x	14	16
Chaises (les), H.	c	16	13
Chaises (les), H.	z	15	16
Chaises (les), H.	e	12	9
Chalandré, chât.	o	11	11
Chalautre-la-petite, C.	y	14	16
Chaleine (bas), H.	e	13	13
Chaleine (haut), H.	e	13	13
Challemaison, C.	x, y	15	16
Chalendos, chât.	x	9	12
Chalet.	l	6	6
Chalet (petit)	l	6	6
Challet, C.	b	14	13
Chalifer, C.	r	8	7
Châlis, abb.	q	3	3
Châlis (étang de)	q	3	3
Chalmezières, F.	v	11	12
Chalmont, H.	o	16	15
Chalo-Saint-Mard, C.	i	16	14
Challois-les-Bullois, F.	z	6	8
Challoterie, F.	s	12	11
Chalôtre-la-Repostre, C.	v	15	16
Chalou, F.	l	15	14
Chamant, C.	p	2	3
Chamarande, C.	l	15	14
Chambanière (la), F.	u	11	12
Chambardy, F.	v	5	8
Chambine, H.	b	6	5
Chambleau, H.	b	11	9
Chambly, C.	l	3	2
Chambois, C.	g	1	2
Chambort (petit), F.	m	10	10
Chambort, ruiné, H.	h	10	10
Chambornon (moul. de).	h	13	14
Chambourcy, C.	i	8	6
Chambray, C.	a	4	1
Chambray, chât.	a	4	1

C	lett. alph.	chiff. des carr.	n°. de la feui.
hambre (la)	q	16	15
hambre-fontaine, abb.	r	5	7
hambrerie, F.	b	11	9
hambrûlé, F.	t	14	16
hambrûlé, F.	u	14	16
hambry, C.	t	6	8
hambry, C.	s	6	7
hambry, F.	t	16	16
hamcheru, H.	a	11	9
hamenard, H.	b	4	1
hamicy, C.	r	1	3
hamigny, C.	v	6	8
hammartin, H.	y	9	12
hamort (moulin de)	k	11	10
hamoust, chât.	x	6	8
hamp, F.	p	16	15
hamp (grand), F.	u	15	16
hamp-Cormorin (grand et petit), H.	y	9	12
hamps (moulin des)	g	10	10
hamp (abb. de grand)	d	11	9
hampabon, H.	v	15	16
hampagne, C.	d	10	9
hampagne, C.	l	3	2
hampagne, F.	n	11	11
hampagne (bois de)	s	16	15
hamp-Oudrie, F.	h	12	10
hamparmoy, H.	y	9	12
hampaux, H.	v	7	8
hamp-la-Bride, H.	y	8	8
hamp-des-Biens (le), H.	i	7	6
hamp-Blanchard, F.	v	11	12
hampbois, F.	y	10	12
hampbonnois, H.	x	10	12
hampbreton, H.	v	9	12
hampbrisset, H.	u	10	12
hampcenetz, C. et abb.	y	12	12
hampcenetz (chât. de).	y	12	12
hampceuil, C.	o	15	15
hampconelle, C.	z	12	12
hamp-Colin, H.	x	9	12
hamp-la-Dame, H.	x	9	12
hampdeuil, C.	r	13	15
hampeau, F.	d	11	9
hampeaux, C.	s	13	15
Champenard, C.	a	4	1
Champereux, F.	v	16	16
Champestré, F.	y	7	8
Champ-Fay, H.	z	12	12
Champfaye (bas et haut), ferme	z	7	8
Champ-Fêtu, F.	y	11	12
Champ-Fleury, F.	t	5	8
Champ-Fleury, chât.	i	7	6
Champ-Garnier (bois de).	i	11	10
Champ-Garnier, H.	h	10	10
Champ-Garnier, H.	e	15	13

C	lett. alph.	chiff. des carr.	n°. de la feui.
Champ-Girard, H.	u	16	16
Champ-Goulau, H.	x	10	12
Champ-Gueffrier, chât.	u	12	12
Champhol, C.	c	16	13
Champichot, F.	v	9	12
Champignol, F.	o	9	11
Champigny, C.	a	8	5
Champigny, C.	r	13	15
Champigny, C.	o	9	11
Champigny, H.	s	8	7
Champigny, C.	l	15	14
Champigny, H.	a	13	13
Champillon, F.	x	5	8
Champillon, H.	x	4	4
Champlan, C.	m	11	10
Champlâtreux, chât.	n	4	3
Champlâtreux (bois de).	n	4	3
Champlâtreux (chât. de).	o	13	15
Champlaudau, H.	y	14	16
Champlet, F.	t	11	12
Champlion, F.	x	8	8
Champ-de-Mars	m	8	6
Champ-Mêlé, H.	e	4	1
Champ-Moulin, F.	u	12	12
Champ-Audry (bois de).	h	12	10
Champ-Pommery, H.	h	11	10
Champ-Potran, chât.	v	11	12
Champ-Renard, F.	t	12	12
Champ-Roger, H.	u	10	12
Champ-Rose, chât.	s	10	11
Champrozay, H.	n	12	11
Champruche, chap.	x	6	8
Champ, C.	p	9	11
Champs (les grands), F.	r	15	15
Champs (ferme des).	s	9	11
Champseru, C.	e	15	13
Champ-Tretots, H.	v	9	12
Champ-Versy, chât.	x	6	8
Champ-de-Voinsles, F.	u	11	12
Chamrond, F.	k	16	14
Chancellerie (la), H.	m	5	6
Chanchampis, F.	u	8	8
Chandelles, H.	d	12	9
Chandelette, F.	d	12	9
Chandou, F.	k	16	14
Chandre, H.	d	16	13
Chandre, H.	d	12	9
Changé, H.	d	14	13
Changeur, ferme ruinée.	t	12	12
Changy, C.	u	6	8
Changy, H.	r	16	15
Changy (chât. de)	u	16	16
Chanois (le), H.	y	10	12
Chanoy, H.	y	11	12
Chanoy, F.	s	14	15
Chanoy (bois du)	v	4	4
Chanson (bois de)	z	15	16

C	lett. alph.	chiff. des carr.	n°. de la feui.
Chantarenne, H.	z	8	8
Chantarenne, H.	x	8	8
Chanteclair, F.	v	16	16
Chantecoq, H.	k	12	10
Chantecoq (bas), H. et F.	l	8	6
Chantecoq (moulin de).	l	8	6
Chantelorie, F.	u	15	16
Chanteloup, C.	i	6	6
Chanteloup, C.	r	8	7
Chanteloup, F.	p	12	11
Chanteloup, H.	z	13	16
Chanteloup, H.	a	4	1
Chanteloup (petit), H.	i	6	6
Chanteloup, chât.	l	13	14
Chante-Manche, H.	x	7	8
Chantemarle, F.	r	5	7
Chantemerle, F.	t	8	8
Chantemerle, H.	v	9	12
Chantepi, H.	i	16	14
Chantereine, F.	f	6	5
Chantereine, F.	q	8	7
Chantereine, H.	n	1	3
Chantereine, H.	g	4	2
Chantereine (moulin de).	o	13	15
Chantier (le), F.	b	1	1
Chantier (le).	l	14	14
Chantieux (bois de).	n	12	11
Chantignanville, C.	h	15	14
Chantilly, C. 4 postes.	o	2	3
Chantilly (chât. de).	o	2	3
Chantilly (grand parc de).	o	2	3
Chantilly (forêt de).	o	2	3
Chantlasant, F.	z	4	4
Chantortel, H.	x	7	8
Chantourterel, F.	n	7	7
Chanu, commanderie.	c	7	5
Chapelle (la), C.	f	2	1
Chapelle-Iger (la), C.	u	12	12
Chapelle (la), C.	n	8	7
Chapelle (la), C.	t	8	8
Chapelle (la), F.	e	9	9
Chapelle (la), F.	m	15	14
Chapelle (la), F.	k	3	2
Chapelle (la), F.	u	2	4
Chapelle (la), H.	f	15	13
Chapelle (la), H.	e	8	5
Chapelle (moulin la).	g	9	10
Chapelle (haute), H.	x	12	12
Chapelle (basse), H.	x	12	12
Chapelle - Daunainville, (la), comm.	g	16	14
Chapelle-du-bois-de-Lèves (la), F.	i	14	14
Chapelle-Bardin, H.	z	9	12
Chapelle-du-Bourg, H.	v	2	4
Chapelle-les-Châlis (la), ham.	q	3	3
Chapelle - Forainvillier (la), comm.	c	11	9
Chapelle-Genevray (la), comm.	b	4	1
Chapelle Maladrerie (la).	z	5	8
Chapelle-Milon (la), C.	i	11	10
Chapelle-Saint-Oüen(la), comm.	d	4	1
Chapelle - Saint - Pierre, ham.	l	1	2
Chapelle-en-Serval, C. 4 postes et demie.	p	3	3
Chapelle - Saint - Sulpice (la), C.	x	14	16
Chapelle - Thibout (la), comm.	t	14	16
Chapelle - Veronge (la), comm.	z	10	12
Chapelle-Villers, C.	m	12	10
Chapelles (les), C.	s	10	11
Chapendu, F.	s	15	15
Chaperon, prieuré, F.	u	15	16
Chapet, C.	h	6	6
Chaponval, H.	k	5	6
Chaponval, H. détruit.	i	9	10
Chapuis, chât.	s	16	15
Charbonnière (la), H.	e	8	5
Charbonnière (la), F.	r	8	7
Charbonnière (la), F.	f	13	13
Charbonnière (la), H.	x	7	8
Charbonnière (bois de la).	p	16	15
Charcot, H.	v	9	12
Charcoy, H.	m	13	14
Chardonneret, F.	e	8	5
Chardonnerie (la), F.	v	15	16
Chardonnet (le), F.	i	13	14
Chardronville, H.	h	5	6
Charentonneau, chât.	n	9	11
Charenton, C. 1 poste.	n	9	11
Charité (la), F.	u	14	16
Charintru, C.	m	12	10
Charlepont, H.	p	3	3
Charlepont (étang de).	p	4	3
Charles (Saint), chap.	o	16	15
Charly, C.	y	6	8
Charmay (le), F.	t	10	12
Charme (le), F.	s	15	15
Charme (le), F.	r	15	15
Charme (abb. du).	z	3	4
Charmeaux (bois des).	k	12	10
Charmée (la), F.	t	14	16
Charmes (les), chât.	h	12	10
Charmes ruinés (les trois), ferme.	s	11	11
Charmeseuil, F.	x	7	8
Charmentré, C.	r	7	7
Charmetteau, F.	z	9	12

C	lett. alph.	chiff. des carr.	n°. de la feui.
harmois (la), F.	u	13	16
harmois (le), H.	z	6	8
harme (le haut et bas), ham.	y	7	8
harmoise (la), H.	b	9	9
harmoise (la), H.	k	13	14
harmoise (bois de la)	e	11	9
harmoy (la), F.	v	12	12
harmont, H.	f	3	1
harmotte, F.	u	14	16
harmoy (les), F.	y	8	8
harnes (les), F.	u	10	12
harnoy, F.	v	9	12
harnoy, F.	z	8	8
harnoy (petit), F.	v	10	12
harnoy (grand), F.	v	10	12
harnoy, H.	t	9	12
harnoy, H.	x	10	12
harnoy, H.	u	9	12
harny, C.	r	6	7
harny, F.	s	8	7
haronne, C.	n	8	7
haronne (petit), H.	n	9	11
harpenterie (la), H.	k	14	14
harpont, C.	c	11	9
hars, C. 6 postes	h	3	2
hartrainvilliers, C.	d	14	13
hartre (la), chât.	g	5	6
hartrelle, C.	q	15	15
HARTRES, C. 10 post. un quart	c	16	13
Chartreux-de-Bourbon (les), abb.	b	3	1
Chartron, F.	g	9	10
Chartronges, C.	y	10	12
Charville, H.	c	12	9
Chasai, H.	a	16	13
Chasse (la), chât. ruiné.	m	5	6
Chassebœuf (pet. et gr.), ferm.	y	12	12
Châtaignier (le), H.	k	13	14
Châtaignier (chât. de)	k	13	14
Château (le), H.	s	7	7
Châteaubleaux, C.	v	13	16
Châteaubleaux (bois de).	v	13	16
Château-fort, C.	k	11	10
Château-fort, H.	u	12	12
Château-frayé	n	11	11
Château-neuf, H.	b	3	1
Château-sur-Epte, C.	e	2	1
CHATEAU-THIERY, C. 11 postes et demie.	z	5	8
Châtel (le), C.	u	14	16
Châtelet (le), C. 6 postes trois quarts.	r	15	15
Châtelet, F.	r	10	11
Châtelet (bois du)	z	3	4

C	lett. alph.	chiff. des carr.	n°. de la feui.
Châtelets, F.	b	10	9
Châtellerie (la), F.	i	13	14
Châteliers (les), F.	g	13	14
Châtelliers (les), H.	g	14	14
Châtelluy, F.	g	10	10
Chatenay, C.	m	10	10
Chatenay, C.	v	16	16
Chatenay, H.	a	15	13
Chatenay-sous-Louvre, comm.	o	5	7
Châtillon, C.	m	9	10
Châtillon (petit), F.	n	12	11
Châtillon (moulin de)	h	11	10
Châtillon (fontaine de)	o	6	7
Châtillon, C	s	14	15
Châtillon, F.	d	5	5
Châtillon, F.	g	11	10
Châtillon, H.	d	13	13
Châtillon, H.	n	12	11
Châtonville, H.	g	14	14
Châtou, C.	k	8	6
Châtrepin, H.	k	14	14
Châtrerie, F.	k	11	10
Châtres, C.	s	11	11
Chatton, H.	v	5	8
Chaubuisson, F. et chât. ruiné.	t	11	12
Chaubusson, H.	t	10	12
Chauconin, C.	s	6	7
Chaude (la), F.	t	15	16
Chaude-Joute, H.	e	10	9
Chaudevau, F.	m	15	14
Chaudière (la), chât.	r	16	15
Chaudon, C.	c	12	9
Chaudray, H.	f	4	1
Chaudron, H.	y	9	12
Chaudronnerie (la), F.	k	10	10
Chaudry, H.	f	4	1
Chaudy, H.	f	2	1
Chaufery, C.	x	9	12
Chaufour, C.	c	6	5
Chaufour, C.	l	15	14
Chaufour, H.	f	7	5
Chaufour (moulin)	n	6	7
Chauguettes (les), H.	c	7	5
Chaulmes, C.	s	12	11
Chaumarderie (la)	r	15	15
Chaume (bois de haute)	p	3	3
Chaumenteau, H.	k	12	10
Chaumette (la), F.	l	6	6
Chaumont, C.	g	1	2
Chaumont, H.	n	2	3
Chaumont, H.	s	2	3
Chaumont (butte de)	n	8	7
Chaumontel, C.	n	4	3
Chaumontel-les-Nonains, ferme	o	4	3

C	lett. alph.	chiff. des carr.	n°. de la feui.
Coudray (le), H	c	16	13
Coudray, H	d	9	9
Coudray (le), H	d	12	9
Coudray (le), H	e	5	5
Coudray (le), H	e	11	9
Coudray (la), H	g	8	6
Coudray (le), F	k	2	2
Coudray (le), H	k	11	10
Coudray (le), H	k	13	14
Coudray (le), H	o	7	7
Coudray (chât. du)	o	14	15
Coudray (bois du)	o	5	7
Coudray (bois de)	p	8	7
Coudraye (bois de la)	e	14	13
Coudre, F	l	15	14
Coudre (la), H	r	15	15
Coudres (les), H	g	7	6
Coudriettes (les), H	h	10	10
Couillerie (étang de)	r	3	3
Couilly, C	s	8	7
Coulant (bois du)	q	15	15
Coularville, F	x	7	8
Coulombs, C	v	5	8
Coulombs, abb	d	12	9
Coulomme, C	t	8	8
COULOMMIERS, C	v	9	12
Coulroy, F	u	14	16
Couperie (la), H	g	8	6
Coupettes (les), F	z	4	4
Coupevray, C	r	8	7
Coupière, H	k	11	10
Coupigny, H	d	3	1
Coupigny, H	y	8	8
Coupigny, H	y	10	12
Coupigny, H	x	11	12
Coupru, C	y	5	8
Cour (la), F	y	12	12
Cour (la), F	v	15	16
Cour (la), F	h	11	10
Cour (la), chât	v	13	16
Cour (la grande), F	q	10	11
Courance, C	o	16	15
Courbelin, F	z	8	8
Courberon, H	y	12	12
Courberon, H	x	13	16
Courberon (bois de)	v	13	16
Courbeville, H	u	9	12
Courbevoye, C	l	8	6
Courbette (la), H	c	7	5
Courbois, F	x	8	8
Cour-du-Bois, F	z	6	8
Cour-des-Bois (la), F	z	6	8
Courbon, H	t	10	12
Courbons, H	x	11	12
Courbuisson, F	r	16	15
Courceaux, H	q	13	15
Courcelle, H	v	10	12

C	lett. alph.	chiff. des carr.	n°. de la feui.
Courcelle, F	v	7	8
Courcelle, F	x	6	8
Courcelle, F	r	10	11
Courcelle, H	v	8	8
Courcelles, C	b	2	1
Courcelles, C	i	4	2
Courcelles, F	k	5	6
Courcelles, H	l	2	2
Courcelles, F	m	8	6
Courcelles, F	s	13	15
Courcelles, chât	k	11	10
Courcelles, chât	m	4	2
Courcelles-Jouxte-Gisors, C	f	1	1
Courcely, H	x	8	8
Courcenon, F	z	5	8
Courceroy, C	z	15	16
Courchamp, C	y	12	12
Courchamp, C	y	4	4
Courcières (les), H	d	5	5
Courçon (chât. de)	k	13	14
Courcouronne, C	n	13	15
Courcouronne (bois de)	n	13	15
Cour-Charles (la), chât	m	6	6
Cour-aux-Choux (la), H	i	6	6
Cour-des-Hayes (la), F	e	10	9
Cour-aux-Pineaux, H	g	10	10
Cour-des-Prés (la), chât	h	9	10
Cour-Roland, chât	l	10	10
Courelins (les), F	k	6	6
Cour-aux-Vallées, F	g	10	10
Courderette, H	i	16	14
Courdemanche, C	a	9	9
Courdimanche, C	i	5	6
Courdimanche, C	n	16	15
Coureaux (les), H	t	16	16
Courfruit, F	t	12	12
Courgain, F	q	7	7
Courgent, C	e	8	5
Courlevon, H	z	7	8
Cœumereau, H	u	11	12
Courmignon, F	u	13	16
Cournevant, F	x	7	8
Courneuve (la), C	n	7	7
Courois (les), H	u	9	12
Courois (les petits), chât	v	8	8
Courois (les grands), chât	v	8	8
Courpalais, C	t	12	12
Courpétois, F	t	14	16
Courquetaine, C	r	12	11
Courtacon, C	y	11	12
Courtablon, F	v	6	8
Courtabœuf, chât	l	12	10
Courtaillis, F	z	7	8
Courtalain, H	u	9	12
Courtaran, H	x	6	8

C	lett. alph.	chiff. des carr.	n°. de la feui.
Courtans (haut et bas), ham. et chât.	z	5	8
Courtavenel, chât.	u	12	12
Courtemain, H.	y	1	4
Courtemain, F.	u	14	16
Courtemont, F.	v	14	16
Courtepinte, H.	e	15	13
Courte-Soupe, F.	t	10	12
Courte-Soupe (grand et petit), F.	u	8	8
Courte-Soupe, H.	u	10	12
Courteuil, C.	p	2	3
Courtevroux, C.	v	14	16
Courtheloire, F.	y	8	8
Courthomer, C.	t	12	12
Courtia, H.	y	11	12
Courtieux, H.	g	2	2
Courtieux (les), H.	z	5	8
Courtille-des-Champs (la), F.	n	6	7
Courtillet, F.	o	2	3
Courtis (les), H.	b	6	5
Courtis (les), F.	y	14	16
Courton (haut et bas), H.	x	14	16
Courtrie, F.	z	7	8
Courtrie, H.	t	10	12
Courtry, C.	p	7	7
Courtry, C.	r	14	15
Courtry, F.	z	7	8
Courtry (étang de).	p	8	7
Courty-de-Champs, H.	x	12	12
Courvonne, H.	y	10	12
Coussenicourt, H.	m	1	2
Coûte (chât. de).	c	15	13
Coutençon, C.	u	15	16
Couternois (pet. et gr.), ferme.	r	9	11
Coutevron, C.	s	8	7
Coutume, F.	m	5	6
Coutumel, H.	b	8	5
Coutumes (les), H.	d	5	5
Coutumes-Julie (les), H.	c	5	5
Couture (la), C.	b	8	5
Couture (la), F.	u	11	12
Couture (la), F.	u	9	12
Couture (la), F.	x	1	4
Couture, F.	a	3	1
Coûture (la), H.	v	9	12
Couture (la), F.	x	16	16
Coultières (les), H.	k	14	14
Covicourt, H.	b	3	1
Coye, C.	o	3	3
Crache, C.	g	14	14
Craine (bois de).	x	2	4
Cramayel (chât. de).	p	13	15
Cramayel (parc de).	p	12	11
Cramoisy, C.	n	1	3
Cramoisy (bois de).	n	1	3
Crane (bois de la).	h	9	10
Crânes (bois des grands).	i	13	14
Cravent, C.	c	6	5
Cravier (bois du).	l	11	10
Crayon, H.	u	16	16
Crecy, C.	a	12	9
Crecy, C.	t	8	8
Crecy (forêt de).	s	9	11
Crecy (forêt de).	t	10	12
Cregy, C.	s	6	7
Creil, C.	o	1	3
Creil (chât. de).	o	1	3
Crepin (Saint), C	i	1	3
Crepières, C.	h	8	6
Crepières (garenne de), ferme.	h	8	6
Crepoil, C.	v	6	8
Crepy, C. 7 postes et demie.	s	1	3
Cresmes, chât. ruiné.	s	12	11
Cresne, H.	a	5	5
Cresne, H.	i	2	2
Cresseli, H.	k	11	10
Cresson, F.	l	3	2
Cressonnière (la), F.	v	10	12
Cressy, F.	n	1	3
Creteil, C.	o	10	11
Creux (le), F.	z	9	12
Creux-Chemin, H.	i	16	14
Crevecœur, C.	t	10	12
Crevecœur, H.	k	1	2
Crevecœur, H.	n	7	7
Crillon, H.	a	12	9
Crisenoy, C.	r	13	15
Crissay, H.	g	9	10
Cristophe (S.), prieuré.	p	1	3
Crochet (le), F.	y	6	8
Crochets (les), H.	y	9	12
Crochet (moulin).	e	13	13
Crogy, H.	y	5	8
Croiselot, F.	y	7	8
Croisette, H.	y	5	8
Croisette (la), F.	r	9	11
Croisilles, C.	c	11	9
Croisy, C.	b	5	5
Croisy-sur-Seine, C.	k	8	6
Croisy, C.	q	9	11
Croisy (le haut), H.	b	5	5
Croisy (parc de).	q	9	11
Croix (la), C.	y	3	4
Croix-en-Brie (la), C.	u	13	16
Croix (la), H.	l	1	2
Croix (la), H.	f	5	5
Croix (la), H.	b	9	9
Croix (la), H.	c	4	1
Croix (la), F.	e	13	13

D	lett. alph.	chiff. des carr.	n°. de la feui.
Denis (bois de Saint)....	s	15	15
Denis (bois Saint)......	p	7	7
Denis (étang de Saint)...	u	8	8
Denises (butte des).....	k	12	10
Denisets (les), H......	z	8	8
Denisy, H. et chap.....	h	14	14
Dennemont, H........	e	6	5
Denonval, H.........	i	6	6
Désert (le), chât.......	k	10	10
Désert (le), chât.......	p	9	11
Désert (le), H.........	i	8	6
Desly, moulin.........	n	6	7
Deuil, C.............	m	6	6
Deuil, F.............	x	7	8
Deuil, H.............	r	8	7
Deux-Maisons (les), F..	g	11	10
Deux-Maisons (les), H..	x	10	12
Devins (les), H........	d	7	5
Diablerie (la), F.......	t	16	16
Didier (Saint), H......	l	13	14
Didier (Saint), chap....	u	5	8
Diécourt, H...........	l	2	2
Dieudonne, C.........	l	2	2
Dieu-Lament, F.......	t	7	8
Dimancheville, chât....	g	14	14
Dinville, H...........	s	8	7
Dinvillier, H..........	k	12	10
Diouval, H...........	d	14	13
Doche (moulin)........	x	15	16
Doguets (les), F.......	z	7	8
Doinvilliers, F........	i	11	10
Dolainville, H........	d	10	9
Dolmont, H...........	b	16	13
Domart (petit), H.....	z	10	12
Domptin, C..........	y	5	8
Dondinville, H.......	b	16	13
Donnemarie, C........	v	15	16
Dontilly, C...........	v	15	16
Dormont, H..........	b	3	1
Dosdan (moulin).......	n	7	7
Douairerie (la), F......	h	12	10
Douaires (les), F.......	a	3	1
Douants, C..........	b	5	5
Douaville, chât........	g	15	14
Doucy, F............	x	9	12
Doucerie (la), H.......	i	8	6
Doudarnière (la), H....	a	8	5
Doüe, C.............	v	8	8
Doüe (chât. de)........	x	8	8
Dourdan, C. 6 postes...	i	14	14
Dourdan (forêt de).....	h	14	14
Doutre (la), chât.......	z	6	8
Douvre (moulin de)....	q	8	7
Douxmenil, C.........	d	1	1
Douy-la-Ramée, C.....	s	5	7
Douy-la-Ramée, chât...	s	5	7
Douy-la-Ramée (bois de).	s	4	3

D	lett. alph.	chiff. des carr.	n°. des carr.
Drachy, C............	y	7	8
Drancy (grand), C......	o	7	7
Drancy (petit), F.......	n	7	7
Draveil, C...........	n	12	11
Draveil (Uzelles de)....	o	12	11
DREUX, C. 9 postes trois quarts.............	b	11	9
Dreux (forêt de)........	b	9	9
Drocourt, C..........	f	5	5
Droisel, C...........	r	3	3
Droisy, C...........	z	1	4
Droué, C............	e	13	13
Droué (pont de la)......	g	13	14
Droué (moulin de)......	e	13	13
Drouilly, chât.........	z	10	12
Druchamp, F.........	e	8	5
Drucy, F............	s	1	3
Drumal, F. ruinée......	i	2	2
Ducourt, H..........	f	3	1
Ducy, C............	r	2	3
Duduis, chât..........	z	15	16
Dufay (bois du)........	p	4	3
Dugny, C...........	n	6	7
Duison, C...........	m	16	14
Dupontière (la), F. ruin.	i	12	10
Durand, H...........	t	12	12
Durand, F...........	h	15	14
Durenhoc, H.........	a	2	1
Durtin (le), riv.........	y	13	16
Dury-Saint-Claude, chap. et chât.............	n	1	3
Duval (bois)...........	r	3	3
Duvaux (les), H........	b	9	9
Duveaux (les), H.......	c	9	9
Duvy, C.............	s	2	3
E			
EAU-BONNE, C.....	m	6	6
Ebards (les), H........	u	10	12
Ebisoires (les), F.......	h	9	10
Ecancourt, H.........	i	6	6
Ecardanville, C........	a	4	1
Ecce-Homo, chap......	h	8	6
Eceuvres (les), F.......	t	14	16
Echacon, C..........	n	14	15
Echampeu, C.........	u	5	8
Echelle (l'), F.........	u	13	16
Echelettes (moul. des)..	h	14	14
Echou, H............	t	16	16
Echou (bois d').........	t	15	16
Eclicharmes, H.......	v	6	8
Eclimont, chât.........	f	15	13
Eclusellés, C.........	b	11	9
Ecquevilly, C. *Voy.* Fresnes.................	h	7	6

E	lett. alph.	chiff. des carr.	n°. de la feui.
Ecquevilly (parc d')	h	7	6
Ecole-Militaire	m	9	10
Ecole-Vétérinaire	n	9	11
Ecoliers (les), F.	v	5	8
Ecorchemont, H.	b	1	1
Ecos, C.	d	3	1
Ecoublé, H.	s	12	11
Ecoublez (les), H.	y	12	12
Ecoufle (l'), H.	b	4	1
Ecouën-la-haute-Feuille, C. 2 postes un quart	n	5	7
Ecouën (moulin d')	n	6	7
Ecoute-s'il-Pleut, F.	z	7	8
Ecoute-s'il-Pleut, H.	x	5	8
Ecrennes (les), C.	s	15	15
Ecreux (les), F.	t	16	16
Ecubley, C.	a	14	13
Ecuelle, F.	s	16	15
Ecurie, F.	l	3	2
Ecuries, H.	g	15	14
Ecus (l'), F.	s	16	15
Ecuyers (fontaine des)	g	13	14
Edrolle, H.	y	2	4
Eglancourt, H.	d	13	13
Egleffien, chât.	c	8	5
Egligny, C.	v	16	16
Egligny (chât. d')	v	16	16
Egly, C.	l	13	14
Egrefin, F.	u	16	16
Egrefin (étang d')	r	10	11
Egrefin (gr. et pt.), F.	z	8	8
Egrelin, F.	q	14	15
Egremont, C.	i	8	6
Egremont, chât.	f	10	9
Egrenay, H. et chap.	p	12	11
Eguilonnière (l'), F.	h	12	10
Elancourt, C.	h	10	10
Elisabeth, H.	e	6	5
Elisabeth (Sainte), chap.	v	3	4
Eloy (Saint), chap.	g	7	6
Eloy (Saint), chap.	a	10	9
Eloy (Saint), chap.	m	11	10
Elleville, H.	f	8	5
Elleville, chât.	f	8	5
Elloup, F.	x	4	4
Emancé, C.	f	13	13
Emenville, H.	b	3	1
Emery, C.	p	9	11
Empereur (bois de l')	r	2	3
Emmondans (les), H.	k	15	14
Encœur, F.	t	14	16
Enclaves (les), F.	h	11	10
Enfer (l'), H.	u	10	12
Enfer, H.	g	4	2
Enguien. *Voyez* Montmorency	m	6	6
Enroux, F.	y	8	8

E	lett. alph.	chiff. des carr.	n°. de la feui.
Entre-les-Bois, H.	d	7	5
Ennemets (bois et chât. d')	d	2	1
Ennery, C.	k	4	2
Epainville, F.	g	13	14
Epauche (l'), H.	x	10	12
Epaulx, C.	y	4	4
Epaulx (chât. d')	y	4	4
Epernon, C. 7 postes et demie	e	13	13
Epiais, C.	p	5	7
Epiaix, C.	i	4	2
Epieds, C.	b	7	5
Epies, H.	u	10	12
Epinard, chât.	s	16	15
Epinay, C.	o	11	11
Epinay, C.	m	12	10
Epinay, C.	m	7	6
Epinay, C.	n	4	3
Epinay (l'), F.	g	13	14
Epinay (l'), H.	c	2	1
Epinay, chât.	b	11	9
Epine (l'), F.	t	13	16
Epine (l'), chât.	n	8	7
Epine (étang de l')	p	4	3
Epine-au-Val (l'), F.	x	10	12
Epinette (l'), F.	e	11	9
Epinette (l'), F.	s	16	15
Epinettes (les), H.	e	11	9
Epinette (bois de l')	h	5	6
Epinettes (bois des)	n	2	3
Epineuse (l'), F.	u	8	8
Epinières (les), H.	a	4	1
Epinoche-les-Charnes, ferme	z	8	8
Epinoy (l'), F.	u	10	12
Epluches, H.	k	5	6
Epluches, chât.	k	5	6
Epoises (les), F.	s	13	15
Epone, C.	g	7	6
Eprune, F.	q	13	15
Epte, riv.	d	5	5
Epte, riv.	d	4	1
Equillemont, H.	f	15	13
Equillière (l'), H.	e	15	13
Erabe (l'), F.	h	11	10
Erable (l'), F.	i	12	10
Erable (moulin)	x	6	8
Eragny, C.	k	5	6
Ercuis, C.	m	2	2
Ergal, H.	h	10	10
Ermenonville, C.	q	4	3
Ermenonville (forêt d')	q	3	3
Ermont, C.	m	6	6
Fronville (chât. d')	a	16	13
Esche, C.	l	2	2
Escobille (Saint), C.	h	16	14

E	lett. alph.	chiff. des carr.	n°. de la feui.
Escobille (chât. d')	h	16	14
Escrets (les), H	b	5	5
Escrignoles, H	e	14	13
Escraunes, C	f	14	13
Esbly, C	s	8	7
Esbly, chât	s	8	7
Essarts (les), C	g	11	10
Essarts (les), ruiné	v	6	8
Essarts (les), F	a	15	13
Essards, F	k	10	10
Essart (l'), F	x	3	4
Essart (l'), F	h	13	14
Essarts (les), F	g	2	2
Essards (les), H	f	4	1
Essarts (les), H	u	10	12
Essarts (les), H	b	7	5
Essars (les), H	f	15	13
Essarts (les), H	v	11	12
Essarts (moulin des)	g	11	10
Essartons, F	g	10	10
Essé, H	u	10	12
Essises (les), C	z	6	8
Essomes, abb	z	5	8
Essonne, 3 postes trois quarts	o	13	15
Essonville, H	m	13	14
Essonville, F	p	15	15
ESTAMPES, C. 6 postes et demie	k	16	14
Estigny (forêt d')	m	12	10
Estrée (abb de l')	a	10	9
Estrechy, C. 5 postes et demie	l	15	14
Estrey, H	f	3	1
Esvaux, H	z	5	8
Esvry-les-Châteaux, C	q	12	11
Etable (l') ruinée	h	12	10
Etampes, C	z	5	8
Etample (château du vieux)	c	16	13
Etang (l'), C	i	8	6
Etang (l'), C	s	12	11
Etang (l'), H	h	10	10
Etang (l'), F	s	12	11
Etang (le petit), F	z	14	16
Etang (chât. du petit)	k	9	10
Etang (moulin de l')	f	12	9
Etang (moulin de l')	e	9	9
Etang (moulin de l')	h	10	10
Etang (moulin de l')	y	14	16
Etang (moulin de l'	m	13	14
Etang - Neuf (bois de l')	s	3	3
Etangs (les), F	z	4	4
Etang-des-Barres, F	v	12	12
Etars (les), H	r	12	11
Etavigny, C	t	4	4

E	lett. alph.	chiff. des carr.	n°. de la feui.
Etienne - sous - Bailleul (Saint), C	b	4	1
Etienne (Saint), chap	p	2	3
Etienne (prieuré de S.)	d	1	1
Etiolles, C	o	12	11
Etoile (l'), F	t	2	4
Etolins, chât	z	6	8
Etranglevau (bois d')	q	15	15
Etrée (étang d')	v	16	16
Etrelle, H	p	15	15
Etrepilly, C	t	5	8
Etrepilly, C	y	4	4
Etrepilly (chât. d')	y	4	4
Etrille (l'), H	h	11	10
Etrille (bois de l')	h	11	10
Eure, riv	a	4	1
Eure, riv	a	5	5
Eure, riv	b	10	9
Eure, riv	c	8	5
Eure, riv	c	11	9
Eure, riv	d	15	13
Eustache (Saint), H	d	4	1
Eustache (Saint), chap	q	4	3
Eutrope, H	l	13	14
Eutrope, chap	g	1	2
Eve, C	q	4	3
Eve (Sainte), chap	a	10	9
Eve (moulin d')	q	4	3
Everchemont, H	i	6	6
Everly, C	x, y	15	16
Everly, chât	y	15	16
Everquemont, C	h	5	6
Evroul (Haut-Saint), chap	c	12	9
Evrould (Saint), chap	k	14	14
Evry, C	o	13	15
Ezanville, C	n	5	7
Ezy, C	b	8	5

F

F	lett. alph.	chiff. des carr.	n°. de la feui.
FABRY, chât	i	1	2
Fadainville, C	b	13	13
Fagots, ruiss	k	13	14
Fagots (les), F	z	8	8
Fai-aux-Anes, F	k	2	2
Faiel, H	m	5	6
Faiel, H	g	2	2
Failly (Saint), chap	l	16	14
Fains, C	b	6	5
Fairest, H	g	5	6
Falaise, C	g	7	6
Falaise (la), F	p	3	3
Falaise (la), chât	b	3	1
Falaise, H	g	8	6
Falaise, H	d	4	1
Falets (les), F	z	7	8

F	lett. alph.	chiff. des carr.	n°. de la feui.
Fally, H.	x	10	12
Fanons (les), F.	s	15	15
Fans (les), H.	y	8	8
Faramonerie (la), F.	i	14	14
Farcheville, chât.	m	16	14
Farcy, H.	q	15	15
Faremoutier, C.	u	10	12
Fargeau (Saint), C.	o	14	15
Fargis, C.	g	11	10
Farmeny, F.	o	15	15
Faron (Saint), abb.	s	6	7
Faron (Saint), chap.	u	5	8
Farons (les), F.	t	15	16
Farots (les), F.	z	9	12
Farronville, F.	p	15	15
Farsoy, F.	z	4	4
Farvache, H.	u	10	12
Faubry, H.	y	10	12
Faucelle (la), F.	z	4	4
Fauché, F.	d	11	9
Faucher, F.	x	6	8
Fauconnerie (la), F.	s	15	15
Faures (chât. des)	g	14	14
Faures (remises des)	g	14	14
Fausse, ruiss.	u	9	12
Fausse-Repose (bois de).	k	9	10
Favereuse, H.	l	10	10
Faverolles, C.	d	11	9
Faverolles, C.	x	2	4
Favière-Saint-Antoine, ham.	e	9	9
Favières, C.	r	10	11
Favières, H.	v	6	8
Fay (le), C.	h	1	2
Fay, F.	h	1	2
Fay (le), F.	d	2	1
Fay (le), F.	i	3	2
Fay, H.	z	7	8
Fay, H.	v	7	8
Fay (le), H.	p	15	15
Fay-Banchelin, H.	v	10	12
Fay (le), chât.	i	12	10
Fay (le), chât.	i	6	6
Fay-Denost, H.	v	7	8
Fayel, H.	a	10	9
Fayel (le), H.	e	2	1
Fayelle (la), H. et chât.	y	7	8
Fayet (le), F.	v	8	8
Fayet, H.	z	7	8
Fée (la), F.	z	8	8
Feigneux, C.	t	1	4
Femme-sans-Tête (la), ham.	l	9	10
Feneaux (les), H.	a	10	9
Ferandière (la), H.	q	9	11
Feranville, C.	f	8	5
Fère (la), H.	k	3	2
Férets (les), H.	b	6	5
Féricy, C.	r	16	15
Férière, H.	a	8	5
Férière (bois de la)	e	10	9
Ferlandières (la), F.	r	15	15
Ferlau, H.	r	16	15
Ferme (la)	p	9	11
Fermes (les basses), H.	t	7	8
Ferme-Blanche (la), F.	g	12	10
Ferme-à-Cheval (la), F.	h	6	6
Fermes-aux-Moines, F.	c	8	5
Ferme-des-Bois (la), F.	e	10	9
Ferme-Marie, F.	y	7	8
Ferme-de-Paris (la), F. 10 postes	x	5	8
Ferme-des-Prés, F.	e	10	9
Ferme-Neuve, F.	u	12	12
Fermencourt, H.	b	10	9
Fermières (les), H.	u	9	12
Fermiers (les), F.	u	8	8
Fermy (Saint), chap.	e	13	13
Férolle, H.	t	8	8
Férolles, C.	q	11	11
Féron, F.	o	1	3
Féroterie (gr. et pt.), H.	y	7	8
Ferquettes, H.	b	3	1
Ferreux, F.	y	12	12
Ferrière, C.	q	9	11
Ferrière (la), H.	v	10	12
Ferrière, H.	d	6	5
Ferrière (la), F.	y	9	12
Ferté (la), H.	i	12	10
Ferté-Aleps (la), C.	m	15	14
Ferté-Aleps (la), C.	n	15	15
Ferté-Gaucher (la)	y	10	12
Ferté-sous-Jouarre (la), C.	v	7	8
FERTÉ-MILON (la), 9 postes et demie	v	3	4
Fésanderie (la)	k	8	6
Fescheux, H.	s	5	7
Feu, F.	r	1	3
Feuchères (les), H.	x	7	8
Feucherolle, H.	e	10	9
Feucherolles, C.	h	8	6
Feucherolles, H.	c	13	13
Feugères, H.	l	14	14
Feugères (les), H.	h	7	6
Feuillans-du-Plessis-Piquet (les)	m	10	10
Feuillardeaux (les), H.	f	12	9
Feuillarde, H.	k	12	10
Feuillet (le), H.	t	13	16
Feularde, H.	g	4	2
Feuquerolle, H.	c	1	1
Févon (moulin)	n	7	7
Févrie (la), F.	k	11	10
Févrerie (la), F.	b	9	9

F	lett. alph.	chiff. des carr.	n°. de la feui.
Fey, F	l	13	14
Fey, H	u	9	12
Fey (bois du)	h	11	10
Fey (petit), F	x	8	8
Fiacre (Saint), C	t	7	8
Fiacre (Saint), chap	i	9	10
Fiacre (Saint), chap	p	3	3
Fiacre (Saint), chât	a	3	1
Fiacre (étang de Saint)	t	7	8
Ficencourt, F	e	1	1
Fie (la), F	g	5	6
Fief-Cadot (le), H	a	4	1
Figicourt, F	g	2	2
Filancourt, chât	i	8	6
Fillaux (le), H	f	13	13
Filbert (de Bretigny-Saint), C	m	13	14
Filles-Dieu (maison les)	c	16	13
Filles-Dieu (les)	y	13	16
Filliotière (la), F	i	12	10
Firmin (Saint), C	o	2	3
Fisset, F	b	9	9
Flacourt, C	e	7	5
Flacourt, F	c	8	5
Flageot, H	y	8	8
Flagny, F	y	7	8
Flaix, C	z	12	12
Flambermont, F	p	2	3
Flambertin - d'Orgeval (les), H	h	8	6
Fambertin-de-Crépières, ham	h	8	6
Flambertin (bois de)	h	8	6
Flambouin, H	y	15	16
Flambouin (chât. de)	y	15	16
Flamenil, C	d	1	1
Flanville, H	a	16	13
Flaverieux, C	e	7	5
Flegny, H	z	9	12
Flegny (petit), H	y	13	16
Flegny (grand), H	y	13	16
Fleubert, F	g	9	10
Fleubert (moulin de)	g	9	10
Fleurine, C	p	1	3
Fleury, C	p	16	15
Fleury, C	l	9	10
Feury, C	v	1	4
Fleury, H	t	12	12
Fleury-Mérongis, C	n	13	15
Flexanville, C	f	8	5
Flicourt, H	e	5	5
Flipon (montagne)	g	7	6
Flins, C	g	7	6
Flins, C	d	8	5
Flins, chât	g	7	6
Foinard, H	i	14	14
Fojus, H	x	11	12

F	lett. alph.	chiff. des carr.	n°. de la feui.
Folainville, C	e	5	5
Folainville (moulin de) ruiné	f	5	5
Folie (la), F	q	4	3
Folie (la), F	f	16	13
Folie (la), F	l	11	10
Folie (la), F	l	4	2
Folie (la), F	b	4	1
Folie (la), F	f	11	9
Folie (la), F	h	8	6
Folie (la), F	f	1	1
Folie (la), F	h	8	6
Folie (la), F	l	7	6
Folie (la), F	f	10	9
Folie (la), F	l	8	6
Folie (la), F	n	8	7
Folie (la), F	t	2	4
Folie (la), F	n	8	7
Folie (la), F	r	3	3
Folie (la), F	v	5	8
Folie (la), F	v	2	4
Folie (la), F	u	12	12
Folie (la), F	u	6	8
Folie (la), F	n	10	11
Folie (la), F	c	13	13
Folie (la), F	d	14	13
Folie (la), H	d	10	9
Folie (la), H	c	2	1
Folie (la), H	k	11	10
Folie (la), F	f	7	5
Folie (la), H	a	7	5
Folie (la), chât	n	1	3
Folie (la)	l	15	14
Folie (la), H	l	13	14
Folie (la), F	r	16	15
Folie (la), chât	m	4	2
Folie (moulin de)	f	6	5
Folie (bois de la)	o	14	14
Folie-Bouvet (la), H	d	16	13
Folie-Chassevent (la), F	i	14	14
Folie-Guenet (la), F	i	14	14
Folie-Martin, F	e	6	5
Folie-Panier (la), H	d	7	5
Folies (les), F	n	13	15
Folletière (la), F	k	14	14
Folleville (la), F	k	14	14
Folnier (le), F	r	15	15
Fonciaux (les), H	e	9	9
Fond-mayet, F	q	1	3
Fondé, F	y	6	8
Fonderie (la), F	r	11	11
Fondis (les), H	f	7	5
Fondrière (la), F	x	7	8
Fontaine, F	g	7	6
Fontaine (la), F	z	8	8
Fontaine (la), F	d	6	5
Fontaine (la), F	e	11	9

F	lett. alph.	chiff. des carr.	nº. de la feui.
Fontaine (la), F.	y	8	8
Fontaine (la), F.	t	9	12
Fontaine, F.	y	8	8
Fontaine, F.	z	10	12
Fontaine, F.	b	10	9
Fontaine, H.	y	8	8
Fontaine, H.	c	11	9
Fontaine (la), H.	l	5	6
Fontaine, H.	m	13	14
Fontaine (la), H.	c	6	5
Fontaine (la), chât.	g	6	6
Fontaine (grande), F.	u	11	12
Fontaineau (grand), F.	y	12	12
Fontaine-aux-bois, H.	z	15	16
Fontaine (bois de)	q	3	3
Fontaine du Bois-Launay.	n	6	7
Fontaine-aux-Abeys (la), ferme	d	6	5
Fontaine-d'Ain, H.	x	7	8
Fontaine-Alix, H.	y	1	4
Fontaine-Lebeau, H.	z	7	8
Fontainebleau, C. 7 post. et demie	q	16	15
Fontainebleau (faisanderie de)	q	16	15
Fontaine-Bérenger, C.	a	2	1
Fontaine-Chailly, F.	x	9	12
Fontaine-Chaude (la), F.	v	12	12
Fontaine-aux-Chiens, ferme	y	1	4
Fontaine-couverte, H.	u	16	16
Fontaine-aux-Cossons (la), H.	k	13	14
Fontaine-Evrat (la), H.	c	6	5
Fontaine de la Fauconnerie	o	6	7
Fontaine des Groues	o	6	7
Fontaine-Laguyon, C.	a	15	13
Fontaine-Jumelle, F.	z	8	8
Fontaine de Juvisy	n	12	11
Fontaine-Leport, C.	r	15	15
Fontaine-Livau, H.	l	15	14
Fontaine Madame	i	13	14
Fontaine-Menehout, H.	d	7	5
Fontaine-de-Menil-Roland, H.	g	13	14
Fontaine-Dumont, H.	x	11	12
Fontaine-les-Nonains, C.	s	5	7
Fontaine-Orry, F.	s	16	15
Fontaine-Pepin, H.	v	12	12
Fontaine-Ramée, F.	v	11	12
Fontaine-Ramée, F.	x	11	12
Fontaine-Richard (la), ham.	d	8	5
Fontaine-Ronde, cabar.	q	14	15
Fontaineroux, H.	r	16	15

F	lett. alph.	chiff. des carr.	nº. de la feui.
Fontaine (la Sainte)	s	2	3
Fontaine-Sereine, F.	v	7	8
Fontaine-sous-Jouy, C.	a	5	5
Fontaine-du-Tonneau, F.	t	15	16
Fontaine-la-Verte, H.	a	2	1
Fontaine-d'Yvette (bois de)	l	11	10
Fontaines (les), F.	z	14	16
Fontaines (les), H.	o	2	3
Fontaines (les), F.	z	12	12
Fontaines (les), F.	o	15	15
Fontaines (les), F.	u	15	16
Fontaines (les), H.	a	10	9
Fontaines (les), H.	f	1	1
Fontaines (les), H.	r	11	11
Fontaines (les), F.	c	7	5
Fontaines (bois des)	o	15	15
Fontaines (bois des)	f	6	5
Fontaines-les-Cornus, C.	q	3	3
Fontaine, C.	u	14	16
Fontenailles, C.	t	14	16
Fontenaitain, chât.	b	3	1
Fontenay, C.	n	14	15
Fontenay, C.	d	2	1
Fontenay, C.	s	11	11
Fontenay, C.	i	9	10
Fontenay, F.	u	1	4
Fontenay, F.	o	7	7
Fontenay-aux-Bois, C.	o	9	11
Fontenay-le-Briis, C.	k	13	14
Fontenay (haut), H.	i	9	10
Fontenay-sous-Louvres, comm.	o	5	7
Fontenay-Mauvoisin, C.	e	6	5
Fontenay-Saint-Père, C.	f	5	5
Fontenay-aux-Roses, comm.	m	10	10
Fontenay-Saint-Sulpice.	y	14	16
Fontenelle, F.	n	4	3
Fontenelle, H.	b	5	5
Fontenelle, H.	y	11	12
Fontenelle, H.	v	9	12
Fontenelle, H.	x	14	16
Fontenelle, chât.	r	9	11
Fontenelles, C.	k	4	2
Fontenelles, H.	v	10	12
Fonteny, F.	y	2	4
Fonville (le), H.	b	12	9
For-de-Vache, F.	h	5	6
Foreil, chât.	q	11	11
Forest, C	c	2	1
Forest (la), C.	i	15	14
Forest, F.	q	1	3
Forest, H.	x	10	12
Forest (la), H.	d	10	9
Forest (la), H.	d	8	5
Forest (la), H.	a	4	1

F	lett. alph.	chiff. des carr.	n°. de la feui.
Forest (la), F.	l	14	14
Forest, chât.	q	8	7
Forest (la), chât.	l	13	14
Forest (gr. et pet.), F.	z	7	8
Forest (gr. et pet.), F.	u	10	12
Forest (bois de la)	n	1	3
Forest, prieuré	s	12	11
Forest (la), F.	s	12	11
Forest-le-Roi, (la) C. *Voy.* la Forest	i	15	14
Forest-Verte (la)	g	12	10
Forfery, C.	s	5	7
Forge, F.	y	8	8
Forge (moulin de la)	h	14	14
Forges, H.	p	16	15
Forges, C.	t	16	16
Forges, C.	k	13	14
Forges (les), F.	b	9	9
Forges (les), H.	a	10	9
Forges (château de)	k	13	14
Forges (bois des)	k	13	14
Forget (Saint), C.	i	11	10
Forget (moulin Saint)	i	11	10
Fort (le), F.	u	14	16
Fort-du-Bois (le), chât.	r	8	7
Fortfontaine, F.	z	8	8
Fort-Ile, ham. et chât.	a	11	9
Fort-Marais, F.	p	3	3
Fortailles, chât.	y	11	12
Forte-à-faire, F.	p	7	7
Fortelle (la), F.	g	1	2
Fortelle (la), H.	d	7	5
Fortelle (la), chât.	t	11	12
Fortelle (bois de la)	v	4	4
Fortelle (la petite), H.	b	5	5
Fortelle (petite), chât.	s	10	11
Forte-Maison (la), F.	u	9	12
Forterre, F.	v	10	12
Fortière (la), H.	b	7	5
Fortoiseun (chât. de)	p	15	15
Fortubé, H.	i	16	14
Fosse (la), F.	y	11	12
Fosse (haute), F.	x	12	12
Fosse-Arbois, F.	y	7	8
Fosse-Louviers, F.	d	9	9
Fosse-aux-Moignons, H.	l	1	2
Fosse-Martin, H.	t	4	4
Fosse-Seiche, F.	t	16	16
Fosse-aux-Potiers, H.	d	6	5
Fosses, C.	o	4	3
Fossée (la), F.	o	7	7
Fossés (les), F.	x	3	4
Fossés, F.	v	10	12
Fossés (les), F.	h	12	10
Fosses (les), F.	u	15	16
Fossés (les), H.	v	8	8
Fosses (les), H.	e	9	9

F	lett. alph.	chiff. des carr.	n°. de la feui.
Fosses (les), chât.	u	1	4
Fossés (vieux), F.	v	10	12
Fosseuil, H.	e	13	13
Fosseux, C.	l	2	2
Fossolles, H.	z	10	12
Foucrainville, C.	a	7	5
Foucrainville (moulin de)	a	7	5
Foucherolles, H.	h	11	10
Fougeux, H.	a	8	5
Fouilleuse, chât.	l	8	6
Fouilleux (bois de)	f	10	9
Fouju, C.	r	13	15
Fouju, F.	v	14	16
Foulange, C.	m	1	2
Foulon (le), F.	l	11	10
Foulon (moulin à) des Gobelins	o	13	15
Four, H.	x	15	16
Four-blanc (le), H.	k	16	14
Four-blanc, F.	v	7	8
Fourchainville, H.	k	15	14
Four à chaux	n	12	11
Fours à chaux (les)	h	14	14
Four-de-Chaux, H	v	8	8
Fours-à-Chaux, F.	p	2	3
Foucheret, F.	q	2	3
Foucheret (le), H.	y	8	8
Fourches, C.	q	13	15
Fourcherets (les), F.	v	10	12
Fourcherolles, F.	l	11	10
Fourchery, F.	t	10	12
Fourcière (étang de)	q	3	3
Fourcon (moulin de)	m	13	14
Fourcy (bois de)	n	4	3
Fourges, C.	e	4	1
Fourmillière (la), F.	h	13	14
Fourmillons (les), F.	h	13	14
Fourneaux, H.	c	4	1
Fourneaux (les), H.	g	11	10
Fourneaux (les), H.	q	14	15
Fournel (le), H.	b	4	1
Fourqueux, C.	i	8	6
Fours, C.	d	2	1
Frainville, chât.	g	16	14
Frambourg (Saint), chât.	n	9	11
Franchaine, F.	z	8	8
Francheville, H.	u	9	12
Franchises (les), H.	m	12	10
Franchises (les), F.	h	11	10
Franciade, C. *Voy.* Saint-Denis	n	7	7
Franc-Moreau, F.	e	9	9
Franconville, C. 2 postes et demie	l	6	6
Franconville (moulin de)	l	6	6
Franconville, chât.	m	4	2

F	lett. alph.	chiff. des carr.	n°. de la feui.
François (Saint), chap.	c	16	13
Frangealle, H.	z	5	8
Frecul, H.	o	15	15
Frelay, F.	r	11	11
Frelay (bois de)	r	11	11
Fremainville, C.	g	5	6
Fremecourt, C.	i	4	2
Fremigny, chât.	m	15	14
Fremière, F.	t	15	16
Fremont, chât.	n	12	11
Frenay, H.	f	9	9
Fresnay-le-Gilmer, C.	b	15	13
Frenaye (la), H.	d	3	1
Fresne, C.	r	7	7
Fresne (garenne du)	e	13	3
Fresne, chât.	m	13	14
Fresne (le), chât.	k	15	14
Fresneau, C.	i	1	2
Fresneau, H.	k	12	10
Frenel, H.	f	7	5
Frenel-en-Trilie, C.	m	2	2
Frênes, C.	m	10	10
Frenès, C.	a	7	5
Frênes, F.	o	13	15
Fresne-l'Equillon, C.	i	1	2
Fresnes ou Ecquevilly, comm.	h	7	6
Freneuse, C.	d	5	5
Freneuse, H.	d	5	5
Freneuse (moulin de)	d	5	5
Freneville (grand), H.	m	16	14
Frenois (la), H.	z	8	8
Frenoy-les-Luat, C.	r	2	3
Frenoy (le), chât.	u	16	16
Frenoy (la), H.	x	10	12
Frenoy (le), chât.	m	2	2
Frenoy-la-Rivière, C.	t	1	4
Frenoy-les-Ombries, C.	s	3	3
Frepillon, C.	l	5	6
Fretay, H.	l	12	10
Fretoy, C.	x	11	12
Fretoy, H.	x	11	12
Fretoy (grand), H.	x	11	12
Frette (la), C.	l	6	6
Fretteville, H.	a	1	1
Freval, F.	f	5	5
Frevant, F.	t	15	16
Frevillar (la), H.	y	9	12
Freville, H.	e	11	9
Frileuse, F.	k	12	10
Frileuse, F.	g	8	6
Frileuse, chât.	k	12	10
Frileuse (la), F.	d	13	13
Frileux (les), F.	s	14	15
Fleury, C.	h	2	2
Froc-de-Launay, H.	b	4	1
Frodoberte (Ste.), chap.	v	10	12

F	lett. alph.	chiff. des carr.	n°. de la feui.
Froide-Fontaine, F.	u	4	4
Fromagerie, H.	b	9	9
Fromagerie (la), F.	p	15	15
Fromantières, chât.	y	7	8
Fromenteau, F.	i	12	10
Fromenteau. 2 postes un quart	n	11	11
Fromenteau (bois de)	i	12	10
Frondière (la), H.	d	2	1
Frouet, H.	x	6	8
Frouville, C.	k	3	2
Frouville, chât.	a	10	9
Fublaines, C.	t	7	8
Fulaines, C.	u	3	4
Fumeçons, H.	c	7	5
Fusée (la), H.	l	1	2
Fussy, H.	u	4	4
Futelaye (la), C.	a	8	5
Futaye (la), F.	e	9	9
Futaye (la), F.	e	11	9
G			
GACHEUX (les), H.	v	6	8
Gadancourt, C.	b	6	5
Gadancourt, C.	g	4	2
Gadancourt, chât.	b	6	5
Gadelière (la), F.	a	16	13
Gadelière (la), F.	p	2	3
Gagnauville, H.	c	7	5
Gagny, C.	p	8	7
Galaise, F.	v	7	8
Galand (moulin), H.	o	13	15
Galande, F.	q	13	15
Galion, moulin	c	16	13
Gaillard, F.	s	15	15
Gaillard, H.	d	5	5
Gaillard, chât.	u	10	12
Gaillard, chât.	g	10	10
Gaillard, chât.	b	1	1
Gaillard, chât.	o	11	11
Gaillard, chât.	n	9	11
Gaillarderie (la), H.	i	9	10
Gaillon, C.	g	5	6
Gaillon, C. 12 postes	a	3	1
Gaillon, F.	t	12	12
Gailloncel, H.	a	3	1
Gaillonet, prieuré	g	5	6
Gaillonet, F.	g	5	6
Galot (le), H.	g	11	10
Galoterie (la), H.	k	13	14
Galardon, C.	e	14	13
Gallard (maison de)	h	13	14
Gallonnerie (la), F.	h	12	10
Galluys, C.	f	10	9
Gally, F.	k	9	10

G	lett. alph.	chiff. des carr.	n°. de la feui.
Gamachère (la), H.	c	5	5
Gamacheries (les), H.	d	6	5
Gamaches, C.	d	1	1
Gambay, H.	e	10	9
Gambayseuil, C.	f	10	9
Gambayseuil (étang de).	f	10	9
Gambon, rivière.	c	1	1
Gandelu, C.	x	4	4
Gandicourt, H.	l	3	2
Gandonnerie (la), F.	c	10	9
Gant (le), F.	h	16	14
Gany, F.	h	1	2
Garancière, C.	a	7	5
Garancière, C.	f	9	9
Garancière (moulin de).	f	9	9
Garches, C.	l	9	10
Garches, C.	n	6	7
Garches (petit), H.	l	9	10
Garches (chât. de).	n	6	7
Garde (la), H.	m	13	14
Garde (bois de l.).	g	7	6
Gardées (les), H.	g	7	6
Garé, H.	e	7	5
Garel, H.	e	7	5
Garenière, C.	h	16	14
Garenne, C.	b	7	5
Garenne, C.	k	6	6
Garenne (la), F.	b	1	1
Garenne (la).	u	13	16
Garenne (la grande).	q	4	3
Garenne (la).	g	7	6
Garenne (la), H.	k	8	6
Garenne (la).	l	16	14
Garenne (la), F.	b	4	1
Garenne (la).	x	14	16
Garenne (la).	p	6	7
Garenne (chât. de la).	b	16	13
Garenne (la), chât.	o	8	7
Garenne (chât. de la).	g	6	6
Garenne (parc de), F.	c	8	5
Garenne (maison de la), ferme.	l	5	6
Garenne (bois de la).	p	5	7
Garenne (bois de la).	g	6	6
Garenne de Gometz.	k	12	10
Garenne du Lis.	p	15	15
Garenne de Palaiseau, (la), F.	m	11	10
Garenne de Vigneux.	n	11	11
Garentières, C.	a	11	9
Gargaux (les), F.	t	15	16
Garigny, ruiné.	r	12	11
Garjenville, C.	g	6	6
Garnay, C.	a	11	9
Garne, F.	h	11	10
Garniers (les), H.	b	4	1
Garnonvilliers, H.	g	12	10

G	lett. alph.	chiff. des carr.	n°. de la feui.
Garoaiserie, chât.	h	11	10
Gas, C.	l	14	13
Gascourt, H.	n	4	3
Gasny, C.	d	4	1
Gasset (le), H.	e	9	9
Gassicourt, C.	e	6	5
Gastelles, C.	a	14	13
Gastins.	u	13	16
Gâteau (le), H.	f	12	9
Gatelerie (la), F.	s	15	15
Gatineaux (les), H.	e	14	13
Gatine, C.	h	10	10
Gatine (la), F.	g	5	6
Gatine (la), H.	d	12	9
Gatines (les), F.	d	6	5
Gatines-d'Oulins (les), ham.	c	8	5
Gatines-rouges (les), H.	c	8	5
Gats (les), H.	d	6	5
Gauchet (Saint), chap.	g	5	6
Gaude (la), F.	f	13	13
Gaudimont, F.	e	6	5
Gaure, H.	f	10	9
Gaure (chât. du).	c	16	13
Gautie, F.	h	7	6
Gaville, C.	d	15	13
Gayerre (la), F.	c	7	5
Gazeran, C.	f	12	9
Gazeran (bois de).	f	12	9
Gazeran (parc de).	f	13	13
Geamme (Sainte), abb.	b	11	9
Genainvilliers, H.	a	15	13
Generie (la), F.	s	15	15
Generie (bois de la).	s	15	15
Generville, H.	d	16	13
Geneste (la), chât.	k	11	10
Genesville, C.	f	3	1
Geneviève (Sainte), C.	l	1	2
Geneviève (Sainte), C.	d	4	1
Geneviève (bois de Ste.).	m	12	10
Geneviève-des-Bois (Sainte), C.	m	12	10
Geneviève (Sainte), F.	u	11	12
Geneviève (Sainte), F.	n	12	11
Geneviève (Sainte), F.	s	8	7
Geneviève (Sainte), chap.	h	2	2
Geneviève (Sainte), chap.	p	4	3
Geneviève (Sainte), chap.	c	9	9
Geneviève (Sainte), chap.	l	8	6
Geneviève (Sainte), chap.	l	6	6
Geneviève (parc de Ste.).	m	12	10
Genevilliers, C.	m	7	6
Genevraye (la), H.	t	9	12
Genevroux, F.	z	3	4
Genevroy, H.	x	6	8
Gengoulph (Saint), C.	x	4	4
Geniçourt, C.	i	4	2

G	lett. alph.	chiff. des carr.	n°. de la feui.
Genièvres (les), F.	g	7	6
Genitoy, H.	r	9	11
Genouilly, F.	r	13	15
Genoy, H. et chap.	i	5	6
Gente (la), F.	z	6	8
Gentilly, C.	m	9	10
Gentilly (petit), H.	m	9	10
Gentilly (moulin de).	m	9	10
Geoffroy, F.	u	16	16
Georges (Saint), C.	a	16	13
Georges (Saint), C.	b	10	9
Georges-des-Champs (Saint), C.	a	8	5
Georges (Saint), F.	u	2	4
Georges (Saint), H.	y	7	8
Georges (Saint), *Voyez* Auvers, C.	l	15	14
Georget, H.	c	15	13
Georgets (les), F.	y	8	8
Georgevilliers, F.	t	9	12
Gerans (les), H.	s	10	11
Gerans (les), F.	t	10	12
Gerard (grand), F.	v	6	8
Gerbourg, chât.	t	7	8
Gergogne, riv.	u	4	4
Germain (Saint), C.	o	15	15
Germain (Saint), chap.	r	3	3
Germain (moulin de S.).	a	6	5
Germain-sur-Avre (S.), C.	a	10	9
Germain-de-Bregy (S.), comm.	s	4	3
Germain-les-Châtres (Saint), C.	m	13	14
Germain-les-Couilly (S.), comm. 5 postes	s	8	7
Germain-les-Crepy (S.), comm.	t	2	4
Germain-sous-Droue (Saint), C.	v	8	8
Germain-les-Estampes (Saint), C.	l	16	14
Germain-Fresnes (Saint), C.	a	7	5
Germain-de-la-Gastine (Saint), C.	b	14	13
Germain-de-la-Grange (Saint), C.	g	9	10
Germain-de-la-Grange (Saint), C.	o	13	15
Germain (faisanderie de Saint).	i	8	6
Germain-de-Laxis (S.), comm.	q	13	15
Germain-en-Laye (S.), comm. 3 postes	i	8	6
Germain-des-Noyers (S.), comm.	q	9	11
Germain (Saint) de Sequeval, prieuré.	f	7	5
Germain-de-la-Truite (Saint), chap.	b	8	5
Germain-de-la-Val (bois de Saint).	t	15	16
Germain (Saint), chap.	p	5	7
Germain (Saint), prieuré.	h	13	14
Germain (chât. de Saint).	l	16	14
Germain (forêt de Saint).	i	7	6
Germain (moulin de S.).	h	9	10
Germainville, C.	c	10	9
Germenoy, F.	q	14	15
Germigny, C.	v	5	8
Germigny-l'Evêque, C.	t	6	8
Germer (Saint), H.	n	2	3
Germonval, H.	e	14	13
Gerocourt, C.	i	4	2
Geromenil, F.	y	2	4
Gervais (Saint), C.	f	3	1
Gerville, H.	f	3	1
Gesvres, C.	s	5	7
Gesvres, C.	u	4	4
Gesvres, F.	u	4	4
Gesvres (chât. de).	u	4	4
Gesvres (bois de).	v	3	4
Gesvres (bois de)	v	4	4
Gibecteau, F.	k	11	10
Gibet (le), H.	h	10	10
Gibet (le), H.	r	9	11
Gibonerie (la), F.	h	12	10
Gié (moulin de).	n	3	3
Gif, C.	k	11	10
Gigny (moulin de).	m	6	6
Gilbais, F.	c	7	5
Gilles, C.	c	7	5
Gilles (chât. de).	c	7	5
Gilles (Saint), chap.	a	3	1
Gilles (Saint), chap.	g	3	2
Gilles (Saint), chap.	h	1	2
Gilles (Saint), chap.	h	8	6
Gilletrie (la), F.	z	6	8
Gillon (bois).	u	4	4
Gilloterie, H.	z	6	8
Gilotins, H.	z	7	8
Gilquinière (la), H. *Voy.* Vaucluse.	m	12	10
Gilvoisin (le), H. et chât.	l	15	14
Gimbrois, C.	y	13	16
Gipseuil, H.	i	2	2
Girandole (étang de la).	f	13	13
Giremontier, C.	u	9	12
Gironde, riv.	h	14	14
Girondet, H.	f	14	13
Girondière, F.	h	11	10
Girouarde, F.	h	11	10
Girouville, C.	b	13	13

G	lett. alph.	chiff. des carr.	n°. de la feui.
Gisancourt, C.	e	2	1
GISORS, C. 8 postes	f	1	1
Gisy, F.	l	10	10
Gisy (tour de)	l	10	10
Giverny, C.	c	4	1
Givray, chât.	z	2	4
Givry, H.	u	12	12
Givey, chât	y	4	4
Glacière (la), F.	s	15	15
Glaignes, C.	s	1	3
Glairet, H.	v	7	8
Gland (bois du)	e	12	9
Glandon, H.	x	5	8
Glands (bois des)	e	10	9
Glatigny, C.	k	9	10
Glatigny, H.	i	6	6
Glatigny, H.	t	14	16
Glatigny, H.	u	10	12
Gloise, chât. et H.	u	11	12
Gloriette (la), H.	i	1	2
Gloriette, F.	k	13	14
Glouton, H.	d	5	5
Goblins (moulin des)	i	13	14
Gobert (Saint), F.	s	5	7
Goberville, H.	k	11	10
Gobillons (les), Fs.	v	16	16
Godebins (les), H.	f	2	1
Godefroy, H.	v	6	8
Godefroy, F.	d	9	9
Godets (les), H.	d	13	13
Godets (les), F.	h	11	10
Goelle, F.	r	5	7
Goins, H.	v	8	8
Gois (moulin de)	c	7	5
Goisemant, F.	p	13	15
Gommecourt, C.	d	4	1
Gomerfontaine, abb.	g	1	2
Gometz-le-Châtel ou Saint-Clair, C.	k	12	10
Gometz-la-Ville, C.	k	12	10
Gommonvillers, chât.	l	11	10
Gomy (les), F.	z	8	8
Gondecourt, C.	h	5	6
Gondelle, F.	s	1	3
Gondelot, C.	y	12	12
Gondeval, F.	i	8	6
Gondreville, C.	t	2	4
Gonesse, C.	o	6	7
Goneterie, F.	y	4	4
Gosses (les), H.	b	10	9
Gouaix, C.	y	15	16
Goudoit, ruiss.	q	8	7
Goulaie (la), H.	r	15	15
Goulée (la), H.	f	4	1
Goulée-de-Besu (la), ruiné	e	4	1
Goulet (le grand), H.	e, f	13	13

G	lett. alph.	chiff. des carr.	n°. de la feui.
Goulet (le), H.	b	3	1
Goullières (les), chât.	b	8	5
Goumant, F.	e	13	13
Goupigny, H.	e	10	9
Goupillière, C.	f	8	5
Goupillière (moulin de)	f	8	5
Goupillière, H.	h	2	2
Gourdillière (la), F.	k	11	10
Gourgonnerie (la), F.	h	13	14
Gourlet (bois du)	h	14	14
Gournay, C.	p	8	7
Gournay, H.	a	3	1
Gournay, H.	c	5	5
Gournay (grand et petit), ferme	m	5	6
Gournay, F.	n	9	11
Gournay, F.	o	1	3
Gournay (prieuré de)	p	8	7
Gourné, F.	p	2	3
Gourville, H.	f	15	13
Gousangrez, C.	h	4	2
Goussainville, C.	d	10	9
Goussainville, C.	o	5	7
Goussainville (moul. de)	o	6	7
Goulon, F.	k	11	10
Goussonville, C.	f	7	5
Goussonville (bois de)	f	7	5
Goussonville (moulin de), ruiné	f	7	5
Goutière (la), F.	z	4	4
Gouttière (la), H.	g	9	10
Gouvant (moulin de)	l	8	6
Gouverne, C.	q	8	7
Gouvert, H.	u	11	12
Gouvieux, C.	n	2	3
Gouville, H.	b	14	13
Govilliers, F.	g	15	14
Grace-de-Dieu (la), cabaret	l	13	14
Grace (bois de)	p	9	11
Grai, H.	b	16	13
Grais (les), F.	c	9	9
Grais (les), H.	a	9	9
Grais, F.	t	11	12
Grais (les), F.	u	8	8
Grais, C.	r	10	11
Grand-Aunay, F.	e	10	9
Grand-Bourg, chât.	n	12	11
Grand-Champ, C.	v	6	8
Grand-Champ, chât.	u	3	4
Grand-Champ, F.	k	8	6
Grande-Cour (la), F.	y	13	16
Grande-Cour (la), F.	u	12	12
Grande-Ferme	u	8	8
Grandes-Hogues (les), ham.	h	12	10
Grand-Jardin, H.	g	7	6

G	lett. alph.	chiff. des carr.	n°. de la feui
Grand-Lud, H	t	9	12
Grande-Maison, F	g	11	10
Grand-Maison, H	e	12	9
Grande-Maison (la), F	v	14	16
Grande-Maison, chât	z	2	4
Grande-Mazure (la)	y	7	8
Grandmont, H. et chap.	a	3	1
Grand-Morin, riv	s	8	7
Grand-Puy, C	t	13	16
Grand-Ru, F	z	4	4
Grand-Rue, H	z	6	8
Grande-Rue, H	l	13	14
Grande-Rue, H	z	6	8
Grand-Saulx (la), F	z	6	8
Grand-Val, chât	o	10	11
Grandville, H	k	14	14
Grandville, H	t	12	12
Grandville (la), F	d	10	9
Grandville (la), H	i	13	14
Grandville (bois de)	o	11	11
Grand-Villière, H	s	14	15
Grand-Vivier (le), F	l	12	10
Granchette, F	y	15	16
Grange	i	6	6
Grange (la), C	q	11	11
Grange (bois de la)	u	4	4
Grange-le-Roi (la), C. *Voyez* la Grange	q	11	11
Grange (la), F	k	14	14
Grange (la), F	m	16	14
Grange (la), F	g	10	10
Grange (la), F	k	11	10
Grange (la), F	y	7	8
Grange (la), F	q	8	7
Grange (la), F	z	11	12
Grange (la), H	x	1	4
Grange (chât. de la)	q	11	11
Grange ou le long-du-Bois (la), F	g	12	10
Grange-du-Bois (la), F	s	14	15
Grange-du-Bois (bois de la)	h	11	10
Grange-le-Roi, C. *Voy.* Granges	i	15	14
Granges, C	i	15	14
Granges (les), F	g	8	6
Granges (les), F	g	6	6
Granges (les), F	y	13	16
Grange-Bleneau (la), C	t	12	12
Granges (les), F	x	14	16
Granges (les), F	i	10	10
Granges (les), F	r	14	15
Granges (les), F	e	13	13
Granges (les), F	x	4	4
Granges (les), F	k	2	2
Granges (les), F	y	10	12
Granges (les), F	e	6	5

G	lett. alph.	chiff. des carr.	n°. de la feui.
Granges (les), F	c	16	13
Granges (les), F	l	11	10
Granges (les), F	o	1	3
Granges (les), H	u	15	16
Granges (les), H	v	9	12
Grange-aux-Bois, F	y	5	8
Grange-du-Brueil, F	m	12	10
Grange-les-Bois (la), F	l	15	14
Grange-au-Bois, F	u	3	4
Grange-des-Bois (la), chât.	r	8	7
Grange-du-Bois, F	o	4	3
Grange-du-Bois (la), F	g	11	10
Grange-des-Champs (la), ferme	q	1	3
Grange-Claco, F	u	4	4
Grange-Sainte-Claire, chât	i	12	10
Grange-Colombe, F	g	12	10
Grange-le-Conches, F	b	2	1
Grange-Coulombs, F	v	4	4
Grange-à-Dame-Rose (la), F	l	10	10
Grangedime (la), F	b	3	1
Grange-feu-Louis (la), chât	o	13	15
Granges-Fey, F	z	10	12
Grange-Gruyère, F	v	7	8
Grange-Gustin, chât. et ferme	u	9	12
Grange-l'Evêque, F	r	10	11
Grange-Lombard, F	y	7	8
Grange-Saint-Louis (la), ferme	i	7	6
Grange-Martin, F	r	15	15
Grange (Mazure de la), ferme	o	12	11
Grange-Menant, chât	v	11	12
Grange-du-Million, chât.	o	11	11
Grange-aux-Moines (la), ferme	l	12	10
Grange-aux-Moines (la), ferme	i	16	14
Grange-au-Mont, F	t	1	4
Grange-du-Mont, F	s	7	7
Grange-des-Noues (la), ferme	o	5	7
Grange-des-Noyers, F	l	16	14
Grange-Paris, F	h	15	14
Grange-Saint-Père, F	s	12	11
Grange-Saint-Père, F	l	16	14
Grange-au-Prieur (la), ferme	l	14	14
Grange-du-Port, F. *Voy.* les Granges	i	10	10
Grange-de-la-Prevôté (la), chât	p	13	15
Grange-Paulin, F	m	5	14

G	lett. alph.	chiff. des carr.	n°. de la feui.
Grange-sous-Montjay, (la), ruinée	q	7	7
Grange-Sœrel, F.	v	4	4
Grange-Vimont (la), H.	a	3	1
Grajlin, riv.	e	10	9
Gratheuil, C.	a	9	9
Gratteloup, F.	y	15	16
Gratteloup, F.	v	16	16
Gratteloup, H.	u	16	16
Gratien (Saint), C.	m	6	6
Gratton, H.	t	12	12
Gravelle, F.	l	14	14
Gravelle, F.	o	9	11
Gravelle, chât.	l	15	14
Gravelles (les), F.	y	7	8
Graviers (les), F.	i	9	10
Gravière, F.	v	2	4
Graviers (les), H.	b	7	5
Graviers (les), H.	e	8	5
Gravigny, H.	m	11	10
Gravotteau, F.	s	12	11
Gravoy, F.	o	12	11
Greffier, H.	g	13	14
Greffiers, F.	n	12	11
Gregy, C.	q	12	11
Grenelle, F. et chât.	m	9	10
Grenet, H.	f	15	13
Grenet, H.	y	9	12
Grenouillière (la), H.	d	8	5
Grenouillière (la), F.	d	14	13
Grenouillière (la), F.	p	9	11
Grès (les), F.	q	9	11
Grès, H.	c	7	5
Grées (moulin de)	l	11	10
Gressays (les), H.	k	9	10
Gressée (la), H.	d	7	5
Gressey, C.	d	9	9
Gresillon, F.	i	7	6
Gresillon (bois de)	i	7	6
Gresillons (les), H.	e	10	9
Gressy, C.	q	6	7
Gretin, H.	a	2	1
Grez (les), F.	u	11	12
Grignon, H.	n	10	11
Grignon, F.	k	11	10
Grignon, F.	i	12	10
Grignon, F.	t	14	16
Grignon, chât.	h	9	10
Grignon (parc de)	h	9	10
Grignon (parc de)	h	8	6
Grinot, H.	b	15	13
Griny, C.	n	12	11
Grigny (ferme de)	n	12	11
Grillon, chât.	h	14	14
Grimonval, H.	d	3	1
Grimperet (le), H.	l	11	10
Grinette, F.	u	3	4
Grinette, riv.	u	3	4
Gringaletterie (la), F.	r	15	15
Grinval, F.	k	3	2
Grinville, H.	f	1	1
Grippière (la), F.	h	11	10
Grippière ruinée	h	3	2
Gripière (petite et grande), ham.	c	3	1
Gripont (gr. et pet), F.	t	15	16
Grisien, F.	u	11	12
Grisolles (chât. de)	z	3	4
Grisolles, C.	z	3	4
Grisy, C.	q	11	11
Grisy, C.	i	3	2
Grivris, H.	k	12	10
Grognaux, H.	a	16	13
Grognée (la), H.	a	14	13
Grogneuil, F.	d	14	13
Gros-Aulnoy, F.	u	3	4
Gros-Bois, F.	t	10	12
Gros-Bois, F.	q	7	7
Gros-Bois, chât. 2 postes et demie	o	11	11
Gros-Bois (parc de)	p	10	11
Gros-Caillou, C.	m	8	6
Gros-Chêne, chât.	u	8	8
Groslay, C.	m	6	6
Groslay, F.	o	7	7
Groslay, H.	y	3	4
Groslieu, chât.	h	15	14
Grosmoulu, H.	f	7	5
Gros-Rouvre, C.	f	10	9
Grosse-Haye (la), H.	h	10	10
Grosse-Tour-de-Sœur, chât.	l	15	14
Grosse-Lierre, H.	y	7	8
Gros-Taillis, H.	e	12	9
Groue (la), H.	x	11	12
Groue (bois de la)	e	16	13
Groussay (le), F.	d	11	9
Groussay, H.	g	12	10
Groussay, chât. et F.	g	10	10
Grosvoust (bois de)	u	13	16
Groux (les), H.	e	8	5
Groux (les), H.	l	4	2
Groux (les), H.	h	2	2
Grue (la), F.	g	5	6
Grumilly, H.	y	2	4
Grurie (nouvelle) de Nanteuil, ou Buisson de la Chaussée	s	2	3
Grusmenil, chât.	d	3	1
Guainville, C.	c	7	5
Guainville, chât. ruiné	c	8	5
Guay (le), H.	l	12	10
Gué-Blandin (le), H.	x	10	12
Gué-de-Bleury (le), H.	f	15	13

G	lett. alph.	chiff. des carr.	n°. de la feui.
Gué de la Folie (le)	n	12	11
Gué-des-Grues, H.	b	10	9
Gué-Guimont (bruyères de la)	e	11	9
Gué-Guimont (pont de la)	e	11	9
Gué-à-trême, H.	t	5	8
Guédelongroy (le), C.	f	15	13
Gueland, H.	g	7	6
Guémié (bois)	o	9	11
Guénégat (étang de)	f	13	13
Guéneterie (moulin de la)	i	13	14
Guepin, H.	e	8	5
Guépinière (la), H.	k	11	10
Gué-Porchet (étang et moulin de)	e	11	9
Guerard, C.	t	9	12
Guerarderie (la), H.	i	8	6
Gueriauderie, H.	f	10	9
Guerille (la), H.	c	1	1
Guerinoterie (la), H.	e	10	9
Gueriton, chât.	x	13	16
Guermantes, C.	q	8	7
Guernes, C.	e	5	5
Guerny, C.	e	2	1
Guerville, C.	f	7	5
Guerville, F.	g	14	14
Guespelle, F.	o	4	3
Guespière (la), H.	g	13	14
Guette, F.	h	14	14
Guette, F.	i	13	14
Guette (la), chât.	r	9	11
Gueux, H.	t	4	4
Gueville, F.	f	12	9
Guèze-au-Serpe, H.	d	13	13
Guibaudières (les), F.	e	12	9
Guiberville, C.	m	14	14
Guichet (le), H.	l	11	10
Guignard, F.	h	16	14
Guigneray (la), F.	k	15	14
Guignes, C. 5 postes.	s	12	11
Guigneville, C.	n	15	15
Guignonville, H.	e	9	9
Guignonville, H.	d	13	13
Guillandru, H.	a	14	13
Guillard, F.	v	16	16
Guillaume (moulin)	s	8	7
Guildar (Saint), chap.	o	14	15
Guillemot (le chêne), ham.	x	12	12
Guillerville, F.	l	14	14
Guillerville, H.	h	16	14
Guilleverts (les), H.	v	13	16
Guilliard, H.	y	10	12
Guilloneric (la), F.	k	11	10
Guillot, ruiné.	g	8	6

G	lett. alph.	chiff. des carr.	n°. de la feui.
Guilloterie (la), F.	l	11	10
Guilloterie (la), H.	x	6	8
Guilloterie (la), ruinée.	g	8	6
Guimbards (les), H.	u	11	12
Guincourt, F.	q	4	3
Guinets (les), H.	d	5	5
Guinette, chât.	k	16	14
Guinfort (Saint), chap.	q	5	7
Guipereux, H.	m	12	10
Guipereux, H.	m	13	14
Guipereux, H.	e	12	9
Guipereux (étang de)	e	12	9
Guiry, C.	g	4	2
Guiry, riv.	g	4	2
Guiseniers, C.	c	2	1
Guiseray, H. et moulin.	l	14	14
Guisy, C.	r	5	7
Guisy (bois de)	p	7	7
Guitrancourt, C.	f	6	5
Guitry, C.	d	2	1
Gurcy-le-châtel, C.	v	15	16
Gustinerie (la), F.	e	12	9
Guyane (bois de la)	e	13	13
Guyencourt, C.	i	10	10
H			
HABIT (le l'), C.	b	8	5
Habit (le l'), H.	b	8	5
Habloville, H.	b	3	1
Hacqueville, C.	d	1	1
Hacqueville, H.	i	7	6
Hadancourt-le-haut-clocher, C.	g	3	2
Hagnon, H.	g	7	6
Hainval, moulin.	f	1	1
Haisettes (les), H.	f	10	9
Hallate (forêt de)	p	1	3
Halaville, F.	d	13	13
Halle (la)	g	9	10
Halle (ferme de la)	g	7	6
Halles-d'Orgerus (les), ham.	e	9	9
Hallier (le), H.	e	11	9
Halliers (les), F.	m	13	14
Halincourt, chât.	f	2	1
Haljars (les), F.	x	9	12
Halmardière, F.	y	5	8
Hallot, H.	c	7	5
Hallot (le), H.	d	2	1
Haloup, H.	x	5	8
Hameau (le), H.	e	13	13
Hameau (le), chât.	h	3	2
Hameaux (les), H.	x	7	8
Hamecourt, H.	l	2	2
Hamel (la), H.	c	6	5

H	lett. alph.	chiff. des carr.	n°. de la feui.
Heliot, H.	d	12	9
Heloy (le), H.	e	2	1
Henouville, C.	i	2	2
Hennemont, abb.	i	8	6
Hennepont, F.	y	14	16
Hennesis, C.	c	2	1
Hennequinerie (la), F.	f	11	9
Herbeville, C.	g	8	6
Herblay, C.	k	6	6
Herbonnière, H.	k	2	2
Hercelet, F.	q	1	3
Héreville, H.	k	3	2
Héricy, C.	r	16	15
Hérivaux (petit), F.	o	4	3
Hérivaux, abb.	o	4	3
Hérivaux (bois d').	o	4	3
Hermé, C.	y,z	15	16
Hermeray, C.	e	12	9
Hermeray (chât. d').	e	12	9
Hermeray (moulin d'), F.	e	12	9
Hermeret, H.	e	10	9
Hermes (Saint), chap.	c	6	5
Hermières, abb.	r	10	11
Hermières (petites), F.	r	9	11
Hermitage (l'), chap.	k	9	10
Hermitage (l'), chap.	m	6	6
Hermitage (l'), F.	s	9	11
Hermitage (l'), F.	a	2	1
Hermitage (l'), F.	z	1	4
Hermitage, H.	c	4	1
Hermitage (l'), H.	k	10	10
Hermitage (l'), H.	l	5	6
Hermitage (l'), H.	z	4	4
Hermitage (Saint-Louis l').	n	12	11
Hermitage (l'), abb.	k	5	6
Hermitage (l'), chap.	p	10	11
Hermitage (l'), chap.	l	6	6
Hermitage (l'), chap.	e	2	1
Hermites (les), F.	u	8	8
Hermitière (l'), F.	x	7	8
Hermoucheuse, H.	i	4	2
Heronie, chât.	q	16	15
Herouville, C.	k	4	2
Herouville, chât.	h	15	14
Herouval, H.	f	1	1
Herqueville, C.	a	1	1
Herse (la), H.	d	9	9
Herse (la), H.	g	11	10
Herval, F.	g	6	6
Herville, F.	f	5	5
Hervilliers, H.	v	4	4
Heubecourt, C.	d	3	1
Heubecourt (l'), H.	c	2	1
Heulecourt, H.	i	1	2
Heuqueville, C.	a	1	1
Heurecourt, H.	i	2	2

H	lett. alph.	chiff. des carr.	n°. de la feui.
Heurgeville, C.	c	6	5
Heurtebise, F.	u	16	16
Heurtebise, F.	v	16	16
Heurteloup (bois d').	f	7	5
Heurteloup (petit), H.	d	8	5
Heurteloup (grand), H.	d	8	5
Heurteloup, chât.	e	7	5
Heurtos, F.	v	14	16
Heuze-du-Port (la), H.	r	8	7
Hideuse, chât.	v	8	8
Hilaire (Saint), C.	i	16	14
Hilaire (Saint), C.	o	10	11
Hilaire (Saint), C.	y	13	16
Hilaire (Saint), chap.	f	9	9
Hilaire (Saint), chap.	h	6	6
Hilaire-Mongreux (S.), comm.	y	2	4
Hilarion, C.	f	13	13
Hillier-la-Veille (Saint), comm.	c	6	5
Hillier-le-Bois (Saint), C.	c	7	5
Himer, F.	f	13	13
Himermont, H.	i	5	6
Hincourt, H.	d	8	5
Hodau, H.	k	3	2
Hodau, H. et F.	f	3	1
Hogues (les grandes), H.	h	12	10
Hogues (les petites), H.	g	12	10
Hoguets (petit et grand étangs des).	h	12	10
Hollande (étang d').	f	11	9
Homée (l'), H.	x	10	12
Hommeries (les), H.	l	10	10
Houville (l'), chât.	m	14	12
Hôpital-général (l').	y	14	16
Hôpital (l'), F.	o	10	11
Hôpital (l'), F.	k	10	10
Hôpital (l'), F.	v	9	12
Hôpital (l'), F.	x	5	8
Hôpital (l'), H.	k	8	6
Hôpital (l'), chap.	a	12	9
Hôpital (l), chap.	b	6	5
Hôpital (l'), chap.	f	6	5
Hôpital-Gamilly, H.	c	4	1
Hôpital général de la Salpêtrière.	n	9	11
Hors-de-Voisine, H.	y	9	12
Hospitalières (les), abb.	n	9	11
Hôtel-du-Bois, chât.	v	7	8
Hôtel-Dieu (l'), F.	t	8	8
Hôtel-Dieu, F.	y	13	16
Hôtel-Dieu, F.	n	7	7
Hôtel-Dieu, F.	i	11	10
Hôtel-Dieu (l'), F.	l	10	10
Hôtel-Dieu-des-Marais, ferme.	p	2	3
Hôtel-Dieu, chap.	f	1	1

H	Lett. alph.	chiff. des carr.	nº. de la feui.
Hôtel-du-Pré (l'), F.	c	4	1
Hotte (la), F.	r	9	1
Houdan, C. 7 postes un quart	d	10	9
Houdé (moulin)	a	10	9
Houdebaut, H.	h	14	14
Houdoux, H.	k	13	14
Houdreville, C.	e	13	13
Houdreville (gar. de)	e	13	13
Houilles, C.	l	7	6
Houjarray, H.	g	10	10
Houjarray (bois de)	g	10	10
Houlbec, C.	a	4	1
Houlebran, F.	i	12	10
Houssaye (la), C.	s	10	11
Houssaye (la), H.	b	8	5
Houssaye (la), H.	a	6	5
Houssaye (la), H.	l	12	10
Houssay (le), chât.	z	13	16
Houssayette, H.	s	10	11
Houssière (la), F.	y	7	8
Houveaux (les), H.	g	10	10
Houville, C.	e	16	13
Houx, C.	d	14	13
Houx (garenne du)	p	4	3
Houy (les), F.	s	15	15
Houzel, F.	v	11	12
Huardière (la), H.	d	8	5
Hubert (Saint), C.	g	11	10
Hubert (Saint), C. et chât.	g	11	10
Hubert (Saint), F.	y	4	4
Hubert (Saint), chap.	y	14	16
Hubert (étang de Saint).	g	11	10
Hubies (bois des)	k	9	10
Huc (bois de)	z	1	4
Hudrerie (étang de la)	e	11	9
Hues (les), H.	b	9	9
Hueterie (la), H.	g	10	10
Huguenotte (gar. de la).	h	8	6
Huisy (d'), C.	v	5	8
Humerie, F.	l	11	10
Humerie (la), F.	v	9	12
Hunière (la), C.	b	5	5
Hunière (la), H.	g	13	14
Hupotte (la), H.	v	10	12
Hurtebise, F.	v	5	8
Hury, H.	s	8	7
Hutte (la), F.	g	5	6
Huval, H.	b	1	1

I	Lett. alph.	chiff. des carr.	nº. de la feui.
Igny, C.	l	10	10
Illière, F.	g	1	2
Illiers-l'Evêque, C.	a	9	9
Imbermais, H. et chap.	b	12	9
Inchelin, H.	d	6	5
Irest (les), F.	y	7	8
Isle (ferme de l')	b	9	9
Isle-Adam, C.	l	4	2
Isle-Adam, chât.	l	4	2
Isle-Adam (faisanderie de l')	l	4	2
Isle-Adam (forêt de l')	l	4	2
Isle-Audry, F.	s	9	11
Isle-Barbierre.	o	10	11
Isle-Belle, ou Isle-Bignon	g	6	6
Isle de Bilancourt	l	9	10
Isle aux Bœufs	b	3	1
Isle des Cignes	m	8	6
Isle Saint-Denis, H.	m	7	6
Isle de Garenne	k	6	6
Isle de Cassicourt	f	6	5
Isle de Servilly	g	6	6
Isle de la Loge	k	8	6
Isles-les-Meldeuses, C.	u	6	8
Isle de Mezy	g	6	6
Isle de Poissy	i	7	6
Isle Saint-Pierre	b	3	1
Isle-Robert, H.	g	9	10
Isle de Vaux	h	6	6
Isles-les-Villenoy, C.	s	7	7
Isson, C.	f	6	5
Issonge, F.	x	5	8
Issy, C.	m	9	10
Ite, F.	g	10	10
Itrope (bois de Saint)	n	13	15
Ivelines (forêt des)	g	12	10
Iverny, C.	r	6	7
Ivilé ou Yviller, C.	q	1	3
Ivors, C.	u	2	4
Ivry, C.	c	8	5
Ivry (forêt d')	a	8	5
Ivry, C.	n	9	11
Ivry-le-Temple, C.	i	2	2

J	Lett. alph.	chiff. des carr.	nº. de la feui.
Jabelines, C.	r	7	7
Jacques (Saint), F.	x	4	4
Jacques (Saint), H.	f	3	1
Jacques (Saint), chap.	e	16	13
Jacques (Saint), chap.	r	8	7
Jacques (Saint), chap.	h	15	14
Jacques (Saint), chap.	g	8	6
Jacques (Saint), chap.	l	2	2
Jacques (Saint), chap.	l	5	6
Jacques (Saint), chap.	z	15	16
Jacques (Saint), abb.	b	1	1
Jacques (moul. de Saint).	n	12	11

J	lett. alph.	chiff. des carr.	n°. de la feui.
Jagny, C.	o	4	3
Jagny, H.	i	11	10
Jagny (bois de).	o	4	3
Jaignes, C.	u	6	8
Jaignes (moulin de).	u	6	8
Jambville, C.	g	5	6
Jallots (les), F.	i	15	14
Jām (Sainte), F.	s	15	15
Jamart, F.	r	12	11
Jambière (la), F.	f	13	13
Jamme (Sainte), chap.	h	8	6
Jameron (moulin de).	k	11	10
Janville, H.	m	15	14
Janvilliers, H.	e	14	13
Janvrys, C.	k	12	10
Jarcy, abb.	p	12	11
Jard (la com. du), H.	s	15	15
Jard (petit), H.	q	14	15
Jard (abb. du).	q	14	15
Jardin (le), F.	t	14	16
Jardin (le), H.	k	12	10
Jardins (les), H.	x	8	8
Jardin-Brisquin.	n	2	3
Jardin des Plantes.	n	9	11
Jardinet (le), H.	f	11	9
Jardy, chap.	k	9	10
Jariel (le), H.	y	8	8
Jariel (le), H.	y	9	12
Jariel (le), H.	u	12	12
Jarrier (le), H.	t	14	16
Jarieux, F.	g	13	14
Jart (bois du).	q	5	7
Jary, F.	s	10	11
Jaunière (la petite), F.	e	11	9
Jaunière (la), F.	e	11	9
Jaunière (garenne de la).	e	11	9
Jauvry, chât.	k	12	10
Javage, F.	x	1	4
Javersy, F.	d	15	13
Javelle (maison du moulin de).	m	9	10
Jean (Saint), C.	b	10	9
Jean (Saint), F.	o	1	3
Jean (Saint), F.	a	14	13
Jean (Saint), chap.	f	4	1
Jean (Saint), chap.	g	5	6
Jean (Saint), chap.	p	1	3
Jean (Saint), chap.	b	8	5
Jean (Saint), chap.	k	3	2
Jean (Saint), chap.	i	9	10
Jean (Saint), chap.	i	2	2
Jean (Saint), chap.	h	7	6
Jean (Saint), chap.	i	7	6
Jean (ferme de Saint).	l	12	10
Jean (la chapelle Saint).	h	12	10
Jean-les-Deux-Jumeaux, (Saint), C. 7 postes.	u	7	8

J	lett. alph.	chiff. des carr.	n°. des carr.
Jean-de-Beauregard (S.), comm.	k	12	10
Jean (bois de Saint).	z	1	4
Jean-de-Dangu (Saint), chap.	e	1	1
Jeangrogne, F.	s	11	11
Jean (Saint) de Houdan, prieuré.	d	10	9
Jean (Saint) de la Leu, abb.	b	6	5
Jean-de-l'Isle (S.), commanderie.	o	13	15
Jet (le), H.	z	8	8
Jœur (petit), F.	l	16	14
Jeufosse, C.	d	5	5
Jeufosse, chât.	b	3	1
Jocourt, H.	d	5	5
Jodelle (la), H.	s	10	11
Johais, H.	z	8	8
Joies (les), F.	p	14	15
Jolivet, F.	d	7	5
Joly (moulin).	l	7	6
Jomars, F.	z	8	8
Jon (le), F.	y	6	8
Joncs (les), F.	b	15	13
Jonchère (la), chât.	p	11	11
Jonchère (la), F.	g	10	10
Jonchère (la), F.	k	8	6
Jonchère, F.	r	9	11
Jonchère (étang de la).	p	4	3
Joncherie, H.	x	11	12
Joncheray, H.	s	8	7
Jongs (les), H.	d	11	9
Jonval, F.	x	2	4
Jonville, H.	p	15	15
Jonville, F.	a	11	9
Josaphat, prieuré.	c	15	13
Jossigny, C.	r	9	11
Jouanne (moulin), F.	h	13	14
Jouarre, C.	g	10	10
Jouarre, abb.	v	7	8
Joui, H.	k	14	14
Joui-le-Comte, C.	l	4	2
Jouy, C.	k	10	10
Jouy, C.	a	5	5
Jouy, C.	e	6	5
Jouy, C.	d	15	13
Jouy, H.	n	16	15
Jouy (abb. de).	x	12	12
Jouy-le-Châtel, C.	v	12	12
Jouy-la-Fontaine, H.	i	5	6
Jouy (forêt de).	v	13	16
Jouy (forêt de).	x	12	12
Jouy-sur-Morin, C.	y	10	12
Jouy-le-Moutiers, C.	i	6	6
Joye (Sainte), F.	d	13	13
Joyenval, prieuré.	i	8	6

J	lett. alph.	chiff. des carr.	n°. de la feui.
Jubennerie (la), F......	z	9	12
Jubilé (le), cabaret.....	l	13	14
Julien (Saint), C.......	a	3	1
Julien (Saint) les Cheses, chap................	a	8	5
Juillerie (la), C.........	e	6	5
Juilly, C...............	q	6	7
Juin (Saint), chap......	i	9	10
Juiverie (la), H........	e	9	9
Julie (moulin de).......	f	6	5
Julienne-le-désert (Se.). *Voyez* le Val-Saint-Germain.............	i	14	15
Jumauville, C...........	f	7	5
Jumeaux (les), H.......	u	7	8
Jumeaux (moulin)......	m	7	6
Jussy, C...............	r	13	15
Just (Saint), C.........	c	4	1
Just (Saint), chât.......	l	2	2
Just (Saint), C.........	v	13	16
Justepied (Saint), H....	h	7	6
Justice, H..............	d	7	5
Justice (bois de la)......	p	4	3
Justice (bois de la)......	x	15	16
Justigny, H............	x	15	16
Justigny (moulin de)....	x	15	16
Juvennerie (bois de la)..	h	9	10
Juvennerie (la), H......	k	10	10
Juvisy, C...............	n	11	11
Juzière, C..............	g	6	6
Juzière-la-Rivière, H...	g	6	6
Juzière-la-Ville, H.....	g	6	6
L			
LABARE, H............	c	16	13
Labbé, H..............	g	14	14
Labbeville, C..........	k	3	2
Laboissière, H.........	s	14	15
Laborde, H............	k	14	14
Laborde, H............	v	8	8
Laborde, F............	q	11	11
Labrosse, F...........	u	8	8
Labrosse, F...........	r	11	11
Labrosse, H...........	r	16	15
Labrosse, abb..........	q	9	11
Lâché, H..............	a	12	9
Laclottée, F...........	t	14	16
Lacy, C...............	o	4	3
Laderrière, F..........	v	9	12
Ladre-des-Bois (saint)...	q	5	7
Ladre (Saint) ou Saint-Lazarre, chap........	o	4	3
Lady, C...............	t	13	16
Lady (bois de).........	s	14	15
Lady (bois de).........	t	14	16

L	lett. alph.	chiff. des carr.	n°. de la feui.
Lagiot, F..............	h	10	10
Lagny, C. 3 postes et demie...............	q	8	7
Lagny-le-Sec, C.......	r	4	3
Lagny (garenne de......	r	4	3
Lagny, commanderie...	r	4	3
Lahoue, H...........	l	14	14
Laigneville, C. 6 postes.	o	1	3
Laignerie (la), F.......	v	14	16
Laillery, C...........	g	1	2
Lainville, C...........	g	5	6
Lair (la), F...........	i	3	2
Lalun, F..............	m	14	14
Lambert (Saint), C.....	i	11	10
Lamberval, H..........	m	2	2
Lambreville (moulin de).	o	13	15
Lame (garenne de)......	h	8	6
Lamilhoue, H..........	c	15	13
Lamirault, chât........	q	9	11
Lamotte, chât..........	l	14	14
Lande (la), H..........	l	1	2
Lande (la), H..........	a	7	5
Lande (la), chât........	p	9	11
Landes (les), H........	h	11	10
Landouville, C.........	b	13	13
Landoy, C.............	x	14	16
Landrimont, H.........	l	3	2
Lanieuray, H..........	b	4	1
Langlée, F............	u	16	16
Lanluct, C............	h	8	6
Lannoy, C............	z	1	4
Lanval (petit), H.......	t	1	4
Lanval (grand), F......	t	1	4
Laquais (les), H.......	u	8	8
Larachée, H...........	k	14	14
L'Arbalêtre, chât.......	n	12	11
Larchet, F............	f	11	9
Lardières, C...........	k	1	2
Lardy, C.............	m	14	14
Laré (le), F...........	p	14	15
Larget, F.............	x	5	8
Largets (les), H........	c	7	5
Largnière, H..........	e	9	9
Largny, C............	u	1	4
Largny (moulin de).....	u	1	4
Larnière, F...........	y	10	12
Lastinière, F..........	d	12	9
Latainville, C..........	g	1	2
Latilly, C............	y	3	4
Latour, F.............	o	10	11
Latour, F.............	o	12	11
Lauberderie (la), F.....	i	8	6
Laubitte, H...........	a	9	9
Lauconoy (grande et petite), H..............	z	5	8
Laumoy, F............	k	3	2
Laume, F.............	s	11	11

L	lett. alph.	chiff. des carr.	n°. de la feui.
Launay, F.	e	12	9
Launay, F.	f	2	1
Launay, F.	f	7	5
Launay, F.	f	6	5
Launay, H.	a	4	1
Launay, H.	k	13	14
Launay, H.	h	10	10
Launay, H.	e	12	9
Launay, H.	o	8	7
Launay, H.	e	9	9
Launay, H.	h	1	2
Launay, H.	n	16	15
Launay, H.	m	12	10
Launay, chât.	l	11	10
Launay, chât.	i	11	10
Launay (moulin de)	h	10	10
Launay (haut), H.	h	10	10
Launay (petit), H.	k	11	10
Launay-Cagnard, H.	b	3	1
Launay-Courçon, H.	k	13	14
Launay-Berthin, H.	g	10	10
Launay-Jacquet, F.	l	13	14
Launay-Langrin, F.	g	10	10
Launay-Macé, H.	k	13	14
Launay-Saint-Père, F.	f	4	1
Launay, ruiné	h	8	6
Launele, F.	h	7	6
Launette, rivière	g	1	2
Launey (grand), H.	d	7	5
Launey (petit), H.	d	7	5
Launois-Brulé, H.	v	9	12
Launois-Renault, F.	z	9	12
Launoy, H.	x	7	8
Launoy, F.	x	8	8
Launoy-Beaufort	x	9	12
Laurent (Saint), H.	d	8	5
Laurent (Saint), chap.	q	4	3
Laurent (Saint), chap.	o	16	15
Laurent (Saint), chap.	q	8	7
Laurent (Saint), chap.	e	4	1
Laurent (Saint), chap.	b	1	1
Laurent (Saint), chap.	s	2	3
Laurent (Saint), H. et chap.	h	2	2
Laurent-des-Bois (Saint), comm.	a	9	9
Laurent (bois de Saint)	p	4	3
Laurent-de-la-Gatine (Saint), C.	d	11	9
Laurent-du-Gros (Saint), chap.	f	5	5
Laurent-Oiselier (Saint), chap.	i	14	14
Laurinet, F.	s	10	11
Lauru, H.	y	7	8
Lavacourt, H.	e	5	5
Laval, C.	u	16	16

L	lett. alph.	chiff. des carr.	n°. de la feui.
Laval, H.	u	10	12
Laval, H.	x	7	8
Lavalle, chap.	v	15	16
Lavanture, H.	k	3	2
Lavanture, H.	z	8	8
Laveau, F.	q	12	11
Laverdis, C.	r	11	11
Lay (le), prieuré	l	3	2
Laye (bois de la grande)	v	4	4
Lays (les), C.	h	11	10
Lays (bois des)	h	11	10
Layette (la), F.	x	6	8
Lazare (Saint), F.	n	4	3
Lazare (Saint), F.	v	10	12
Lazare (Saint), chap.	c	4	1
Lazare (Saint), chap.	t	2	4
Lazare (Saint), chap.	t	7	8
Lazare (Saint), chap.	f	1	1
Lazare (Saint), chap.	p	6	7
Lazare (Saint), chap.	p	11	11
Lazare (Saint), chap.	l	16	14
Lazare (Saint), chap.	i	7	6
Lazare (Saint), abb.	v	2	4
Lazare (Saint), hermit.	n	15	15
Leau (la), F.	h	4	2
Lechâne, F.	v	10	12
Lechelle, C.	z	13	16
Lechelle (forêt de)	q	11	11
Lechenay, H.	k	16	14
Lecherolles, C.	y	10	12
Lefevre (bois)	o	11	11
Leger (Saint), C.	i	8	6
Leger (Saint), C.	x	9	12
Leger (Saint), C.	f	11	9
Leger-des-Aubées (S.), comm.	f	16	13
Leger (chât. de Saint)	f	11	9
Leger-des-Aubées (chât. de Saint)	f	16	13
Leger (Saint), chap.	f	4	1
Leger (Saint), chap.	e	1	1
Leger (Saint), chap.	c	5	5
Leger (forêt de Saint)	f	11	9
Leger (garenne de Saint)	f	11	9
Léomenil, H.	c	1	1
Léonard (Saint), C.	p	2	3
Léonard (Saint), chap.	e	15	13
Léonard (Saint), chap.	b	1	1
Léonard (Saint), chap.	r	9	11
Léonard (Saint), chap.	r	13	15
Léonard (Saint), chap.	y	14	16
Léonard (Saint), chap.	n	1	3
Léonard (Saint), chap.	o	13	15
Léonard (Saint), chap.	f	3	1
Léonard-de-Micherou (Saint), chap.	f	8	5
Léonard (Saint), chât.	g	8	6

L	lett. alph.	chiff. des carr.	n°. de la feui.
Lepard (bois de)........	e	10	9
Leparé, H............	k	14	14
Lesches, C............	r	7	7
Lessart, F............	r	3	3
Lessart, H............	r	5	7
Lesseville, H..........	f	5	5
Lesigny, C............	p	10	11
Lettrée, H............	x	9	12
Lettrée (moulin de).....	g	10	10
Leu (la), H............	a	14	13
Leu (Saint), C.........	p	14	15
Leu (Saint), chap.....	n	6	7
Leu (Saint), chap......	s	5	7
Leu-Desserant (Saint), comm..............	n	2	3
Leu-Frecourt (Saint), chap...............	e	4	1
Leu (moulin de Saint)...	n	1	3
Leu-Taverny (Saint), comm..............	l	6	6
Leudeville, C..........	m	14	14
Leudon, C............	y	11	12
Leudon, H............	v	14	16
Leuse, H............	e	7	5
Leuville, C...........	m	13	14
Leva, F..............	y	7	8
Levainville, C.........	f	15	13
Levainville (petit), F...	f	16	13
Levau, H............	c	15	13
Levaville, C...........	a	13	13
Levemont, C..........	g	2	2
Leves, C............	c	15	13
Leveville (chât. de).....	b	15	13
Levignan, C. 7 postes et demie..............	t	2	4
Levrière (la), F........	i	3	2
Levy, C..............	h	11	10
Levy (haut), H........	h	11	10
Levy (bois de).........	h	11	10
Liancourt, C..........	h	2	2
Libernon, H..........	l	10	11
Libernon, H..........	t	8	8
Licy-les-Chanoines, C..	x	4	4
Lié (Saint), chap.......	x	15	16
Liechêne, H..........	z	11	12
Liégois, F............	s	9	11
Liegue (la), H.........	a	4	1
Lienne (Saint), H......	q	14	15
Liers, H.............	m	13	14
Lierville, C...........	g	2	2
Lieu-Restauré, C.......	t	1	4
Lieu (la), H..........	c	1	1
Lieusaint, C. 4 postes...	p	13	15
Lieutel, chât..........	f	10	9
Lieutel (moulin de).....	f	10	9
Lieutenant (bois du)....	o	2	3
Lièvre, F.............	e	10	9

L	lett. alph.	chiff. des carr.	n°. de la feui.
Lievreville, F.........	h	14	13
Liesse, F.............	k	5	6
Ligne, H.............	y	11	12
Lignerolles, C.........	a	8	5
Lignerolles, chât.......	a	8	5
Lignières, F..........	l	5	6
Lihou, H............	t	8	8
Lihou, chât...........	t	8	8
Limars, H............	x	13	16
Limay, C............	f	6	5
Limeil, C............	o	11	11
Liemry, F............	o	16	15
Limetz, C............	d	5	5
Limoges, C...........	q	13	15
Limon, F............	x	6	8
Limon, H............	l	11	10
Limon, H............	v	7	8
Limons (les), H........	x	9	12
Limons-Couronnés (les), ham................	x	9	12
Limon, chât...........	x	6	8
Limoreau, F..........	v	13	16
Limosin, F...........	s	10	11
Limosin, H...........	d	8	5
Limosin, H...........	u	10	12
Limours, C...........	i	12	10
Linas, C.............	m	13	14
Linereux, F..........	g	6	6
Liphard, H..........	i	14	14
Liphard (Saint), chap...	b	9	9
Lis (plaine du).........	q	15	15
Lis (abb. du)..........	q	15	15
Lisieu, rivière.........	n	3	3
Lisieu, rivière.........	o	4	3
Lisle, chât...........	y	7	8
Lisses, C............	n	13	15
Lissy, C.............	q	13	15
Lisy-sur-Ourcq, C.....	u	5	8
Livillier, C...........	k	4	2
Livry, C.............	q	15	15
Livry, C.............	p	7	7
Livry (bois de)........	q	15	15
Livry, chât...........	o	8	7
Livry (abb. de)........	p	7	7
Lizière, fontaine.......	n	6	7
Lizières (basses), H....	c	9	9
Lizières (hautes), F....	c	9	9
Lizine, C............	x	14	16
Lizine (butte de).......	v	14	16
Loallier, F..........	z	5	8
Lochères (bois de)......	n	6	7
Loconville, C.........	h	1	2
Lœf (la), F..........	u	10	12
Loge (grande), chât....	u	8	8
Loge (la grande), F....	t	15	16
Loge (la), F..........	v	8	8
Loge (la), F..........	y	7	8

L	lett. alph.	chiff. des carr.	n°. de la feui.
Loge, F.	u	8	8
Loge (la), F.	i	8	6
Loge (la), F.	z	4	4
Loge (la), F.	v	6	8
Loge (la), F.	v	10	12
Loge-des-Prés (la), F.	s	15	15
Loges (les), C.	k	10	10
Loges (les), F.	v	8	8
Loges (les hautes), F.	r	13	15
Loges (les), F.	t	13	16
Loges (les), H.	i	14	14
Loges (les), H.	c	7	5
Loges (les), H.	u	13	16
Loges (les), H.	v	3	4
Loges (les), H.	b	10	9
Loges (les), H.	z	8	8
Loges (basses), H.	r	16	15
Loges (hautes), H.	q	16	15
Loges (les), abb.	k	7	6
Loge-Artus (la), F.	t	8	8
Loget, fontaine	p	4	3
Lognes, C.	q	9	11
Loge-Pennier (la), F.	x	5	8
Loge-Tristan (la), F.	x	2	4
Loinville, H.	e	15	13
Loiseau, F.	g	10	10
Loisy, H.	q	4	3
Lolanderie, H.	e	8	5
Lombardie (la), H.	d	5	5
Lommoy, C.	c	6	5
Lommoy (moulin de)	c	6	5
Lonceula, F.	f	15	13
Londe (le), H.	a	1	1
Londeau, chât.	o	8	7
Long-des-Bois (le), H.	f	10	9
Long-des-Bois (le), F.	g	10	10
Longchamp, abb. ruinée.	l	8	6
Longchamps (les), H.	e	7	5
Long-Chêne, F.	i	12	10
Long-Chêne (bois de)	i	13	14
Longhaye, F.	a	6	5
Longnes, C.	d	7	5
Longorme, chât.	g	14	14
Longperrier, C.	q	5	7
Longpont, abb.	x	1	4
Longpont (abb. de)	m	12	10
Longpont (moulin de)	x	16	16
Longpont (moulin de)	m	12	10
Longpont (bois de)	m	12	10
Longpré, abb.	u	1	4
Longue (gr. et pet.), F.	x	5	8
Longuemarre, H.	c	1	1
Longuemarre, H.	c	6	5
Longuesse, C.	h	5	6
Longueterre, F.	z	8	8
Longuetoise, chât.	k	16	14
Longueville, H.	m	16	14

L	lett. alph.	chiff. des carr.	n°. de la feui.
Longueville, H.	x	14	16
Longvilliers, C.	i	13	14
Longjumeau, C. 2 postes et demie	m	11	10
Looé (moulin de)	z	8	8
Loreau (le), F.	e	13	13
Loreau (parc de)	e	13	1[illegible]
Loreau (chât. de)	e	13	13
Loribeau (grand), F.	s	11	11
Loribeau (petit), H.	s	11	11
Lorioterie (la), F.	i	11	10
Lormaison, C.	k	1	2
Lorme, F.	h	13	14
Lorrey, C.	b	7	5
Lorrey (moulin de)	g	10	10
Louarreux, F.	h	13	14
Louarreux, H.	g	13	14
Louarreux (bois de)	g	13	14
Louastre, C.	x	1	4
Louau-Rousseau, F.	m	13	14
Lougré	g	8	6
Louis (Saint), chap.	m	13	14
Louis (Saint), chap.	i	7	6
Louis (maison de Saint).	i	9	10
Louis (bois)	v	9	12
Louison (bois)	x	2	4
Loulape, H.	a	16	1[illegible]
Loupendu (pet. et gr.), F.	y	12	12
Loupendu (bois du)	l	10	10
Loup-mort (la fosse du)	o	13	14
Loup (Saint), hermit.	t	4	4
Loup-de-Naud (Saint), abb.	x	14	16
Lourpe, C.	x	15	16
Louseaux, H.	c	15	13
Louville, H.	o	15	15
Louvecienne, C.	k	8	6
Louvecienne (bois de)	k	8	6
Louvet, H.	c	7	5
Louveterie, H.	b	10	9
Louvière (la), F.	a	14	13
Louvière (la), F.	y	6	8
Louvière, F.	l	10	10
Louvière (la), H.	g	10	10
Louviers, H.	d	13	13
Louviers, H.	f	3	1
Louvières (les), H.	v	8	8
Louvilie, F.	a	14	13
Louvilliers (comm. et prieuré de)	a	11	9
Louvot, F.	x	9	12
Louvres, 3 postes	o	5	7
Louvres (chât. de)	o	5	7
Louvres (moulin de)	o	5	7
Louvry, H.	v	3	4
Loy (la), F.	q	8	7
Luardon, F.	z	12	12

L	lett. alph.	chiff. des carr.	n°. de la feui.
Luat (le), C.	r	2	3
Luat (le), F.	o	9	11
Luat (le), F.	u	12	12
Luat (le), H.	b	11	9
Luat (le), H.	b	14	13
Luat (le), chât.	n	5	7
Luat (garenne et muette de)	r	2	3
Luat-sur-l'Estrée (le), H.	a	10	9
Lubin-de-la-Haye (S.), comm.	d	9	9
Lubin (Saint), abb.	c	16	13
Lubin (Saint), chap.	i	11	10
Lubin (Saint), chap.	m	5	6
Lubin (Saint), chap.	k	3	2
Lubain (pet. et gr.), H.	z	14	16
Luce (Sainte), chap.	r	1	3
Lucé, C.	c	16	13
Lucé (grand), H.	c	16	13
Lucé (petit), H.	c	16	13
Luché (étang de)	x	1	4
Lucien (Saint), C.	e	12	9
Lucien (fontaine Saint)	n	7	7
Lucy-le-Boccage, C.	y	5	8
Lud (petit), H.	t	9	12
Luet, H.	e	16	13
Lugrand, H.	y	13	16
Luigny (chât. de)	p	13	15
Luisant, C.	c	16	13
Luisant (butte de)	k	13	14
Luisard (le), chât.	p	9	11
Luisetaines, C.	x	15	16
Lumeront, F.	z	6	8
Lumière, F.	t	9	12
Lumigny, C.	t	11	12
Lumigny (tour de)	t	11	12
Lumigny (bois de)	t	10	12
Lunay, H.	z	13	16
Lunesy, chât.	l	12	10
Luperce, C.	a	16	13
Lugny (grand), H.	z	6	8
Lugny (petit), F.	z	6	8
Lureau, H.	u	11	12
Luray, C.	b	11	9
Lusancy, C.	x	6	8
Lusarches, C. 3 postes et demie	n	4	3
Lusarches (moulin de)	o	4	3
Lutain, H.	t	8	8
Lû, C.	e	3	1
Luxembourg (palais du)	m	9	10
Luxembourg, F.	z	5	8
Luzancy (bois de)	q	8	7
Lys (le), C.	n	3	3
Lys (le), F.	n	3	3
Lys (forêt du)	n	3	3

M	lett. alph.	chiff. des carr.	n°. de la feui.
M			
Macar, ruiss.	o	1	3
Macels (les), F.	s	8	7
Macerville, H.	a	12	9
Machaut, C.	s	16	15
Machecroult, H.	l	11	10
Macherin, H.	p	16	15
Machery, H.	k	13	14
Machesy, F.	e	16	13
Machine de Marly	k	8	6
Machine (moulin de la)	i	11	10
Macogney, H.	x	3	4
Maçonnerie (la), F.	h	13	14
Madelaine, F.	m	12	10
Madelaine (la), F.	r	16	15
Madelaine (la), H.	z	7	8
Madelaine (la), H.	q	8	7
Madelaine (la), H.	b	6	5
Madelaine (la), H.	e	13	13
Madelaine (la), chap.	n	6	7
Madelaine (la), chap.	a	7	5
Madelaine (chap. de la)	c	16	13
Madelaine (la), chap.	b	1	1
Madelaine (la), chap.	i	11	10
Madelaine (Sainte), chap.	h	4	2
Madelaine (la), abb.	x	9	12
Madelaine (Se), prieuré	e	1	1
Madelaine (la), prieuré	c	3	1
Madelaine (la), chât.	l	14	14
Madelaine (bois de la)	l	12	10
Madrid (chât. ruiné)	l	8	6
Maffliers, C.	m	4	2
Magdelaine (la), C.	r	10	11
Magdelaine (la), chap.	q	3	3
Magdelaine (la), chap.	v	6	8
Magdelaine (Se), chap.	i	3	2
Mage (le), H.	a	14	13
Magnanville, C.	e	6	5
Magneval, H.	s	1	3
Magnitot, H.	f	3	1
Magnonnerie (la), F.	i	12	10
Magny, C.	i	11	10
Magny, C.	s	8	7
Magny, C. 7 post. et dem.	f	3	1
Magny, H.	z	9	12
Magny-Saint-Loup, H.	t	7	8
Mahauderie (la), H.	d	8	5
Maheux, moulin	p	6	7
Maillard (pet. et gr.), H.	v	10	12
Maillart (bois)	o	4	3
Maillart (garenne de)	p	4	3
Maillets (les), F.	y	7	8
Maillons (les), H.	x	6	8
Maillotrie (la), F.	s	14	15
Main (Saint), H.	l	1	2

M	lett. alph.	chiff. des carr.	n°. de la feui.
Maincourt, C.	h	11	10
Maincourt (bois de)	h	11	10
Maincy, C.	q	14	15
Maindreville (pet. et gr.), ham.	b	16	13
Maingournois, H.	d	13	13
Mainguerin, H.	g	14	14
Mainpencien, F.	r	13	15
Maintenon, C. 8 postes et demie	d	13	13
Maintenon (aqueduc de)	d	14	13
Maintenon (vestiges de l'aqueduc de)	g	16	14
Mainville, H	n	12	11
Mainvilliers, C.	c	16	13
Mairerie (la), H.	f	5	5
Maisons, C.	n	9	11
Maisons (les), H.	z	7	8
Maison de Carmoin	g	13	14
Maison des Cordes	g	12	10
Maison-Blanche	n	9	11
Maison-Blanche	h	14	14
Maison-Blanche, F.	r	8	7
Maison-Blanche, F.	t	8	8
Maison-Blanche, F.	k	11	10
Maison-Blanche, F.	p	8	7
Maison-Blanche, F.	n	11	11
Maison-Blanche (la), F.	h	13	14
Maison-Blanche (la), F.	h	11	10
Maison-Blanche, F.	p	10	11
Maison-Blanche (la pet.)	g	10	10
Maisons-Blanches (les), H.	c	7	5
Maison-de-Boisne, F.	u	1	4
Maison-du-Bois, H	v	6	8
Maison (bois de)	u	4	4
Maison-du-Bois, F.	z	5	8
Maison-des-Bois, F.	h	9	10
Maisons-des-Bois, F.	z	4	4
Maison brûlée	u	8	8
Maisons-des-Bruyères, F.	k	8	6
Maisons-sous-Bois, C.	k	7	6
Maisoncelle, C.	z	11	12
Maisoncelles, C.	u	8	8
Maisoncelles (bois de)	u	9	12
Maisoncelles (bois de)	u	8	8
Maisonscelles (le château de)	u	8	8
Maison-Claire	h	14	14
Maincourt (bois de)	h	11	10
Maison-de-la-Croix-Vaudion, F.	g	11	10
Maison-Dieu, H.	y	10	12
Maison-Fleur, F.	u	12	12
Maison-Freming (la), F.	u	9	12
Maison-du-Garde, F.	p	5	7
Maison (la grande), F.	k	11	10
Maison (la grande), F.	i	11	10
Maison (la grande), H.	p	9	11
Maison (la grande), F.	u	15	16
Maisons (les grandes), F.	s	15	15
Maisons (les grandes), chât.	i	9	10
Maisons (les grandes), F.	u	9	12
Maisons (les grandes), F.	s	12	11
Maisons (les petites), F.	t	15	16
Maison de la Garenne	g	9	10
Maison-Guiot, F.	p	8	7
Maison (la haute), H.	p	9	11
Maison-de-l'Isle, F.	q	8	7
Maisons-Meuniers, H.	u	10	12
Maison-Moitié, H.	b	9	9
Maison-Neuve, F.	s	16	15
Maison-Neuve, F.	m	9	10
Maison-Neuve (la), F.	h	9	10
Maison-Neuve, F.	r	3	3
Maison-Neuve, F.	i	6	6
Maison-Neuve, chât.	u	9	12
Maison-Neuve (étang de)	u	9	12
Maison-Neuve, F.	q	9	11
Maison-Neuve, F.	m	13	14
Maison-Neuve (bois de)	u	9	12
Maisons (parc de)	k	7	6
Maison (la petite), F.	n	12	10
Maison-Rouge, F.	s	14	15
Maison-Rouge, F.	t	8	8
Maison-Rouge (la), F.	f	10	9
Maison-Rouge, F.	t	14	16
Maison-Rouge (la)	k	8	6
Maison-Rouge (la) F.	g	10	10
Maison-Rouge, F.	l	14	14
Maison-Rouge, F.	p	8	7
Maison-Rouge, H. 9 post. et demie	v	14	16
Maison-Rouge, F.	b	3	1
Maison-Rouge, F.	o	14	15
Maison-Rouge, F.	t	4	4
Maison-Rouge, F.	y	11	12
Maison de santé	m	9	10
Maison-de-Seine, F.	m	7	6
Maison-du-Temple, F.	s	8	7
Maison-du-vieux-Moulin, ferme	q	4	3
Maître-Ville, H	b	3	1
Maizières (hautes et basses), H.	y	13	16
Malaise, F.	u	1	4
Malassis, F.	e	6	5
Malassis, H.	k	14	14
Malassis, chât.	n	8	7
Malassis, H.	a	3	1
Malassis, H.	b	8	5
Malassis, F.	x	5	8
Malassise, F.	s	13	15

M	lett. alph.	chiff. des carr.	n°. de la feui.
Marché-Clair, F.	t	16	16
Marché (petit), H.	y	9	12
Marche (la), F.	g	11	10
Marche (la)	p	7	7
Marche (bois de la)	e	12	9
Marche (la), chât.	k	9	10
Marche-froid, H.	c	8	5
Marche-long, H.	v	12	12
Marche-profond, H.	f	14	13
Marche-marais, F.	q	14	15
Marche-Marie, F.	s	10	11
Marchemont, C.	r	5	7
Marcherus (bois des)	h	6	6
Marches-sous-Doue (les), ham.	x	9	12
Marchezais, C.	c	10	9
Marchies (les), F.	b	5	5
Marcilly-sur-Eure, C. et prieuré	b	9	9
Marcouci, ruiné	r	12	11
Marcoussy, C.	l	12	10
Marcoussy (gr. parc de)	l	12	10
Marcoussy (étang de)	l	12	10
Marcoussy (chât. de)	l	12	10
Marcoussy (abb. de)	l	12	10
Marcouville, H.	k	5	6
Mard (Saint), C.	s	2	3
Mard (Saint), C.	q	5	7
Mard (Saint), chap.	u	1	4
Mard (petit Saint), H.	k	16	14
Mardelle (la), F.	y	11	12
Mare (la), F.	g	11	10
Mare (la), F.	u	16	16
Mare (moulin de la)	i	11	10
Mare-Chantreux (bois de la)	f	10	9
Mare-des-Champs (la), ham.	g	13	14
Mareaumont, H.	f	1	1
Mare-Bourdon, F.	i	9	10
Marechaire, H.	y	12	12
Maréchalerie (la), F.	y	7	8
Maréchaux (les), F.	h	11	10
Maréchaux (bois des)	h	11	10
Mardilly, H.	q	12	11
Mardreau, ruiss.	o	12	11
Mareil, C.	g	10	10
Mareil, C.	g	8	6
Mareil, C.	r	8	6
Mareil-en-France, C.	n	5	7
Mareboinville, H.	c	5	5
Mare-du-Houx (la), H.	l	1	2
Maregrimour, F.	c	5	5
Maresche, F.	h	5	6
Marets (les), C.	y	12	12
Marets (les), F.	f	7	5
Marets (les), F.	s	8	7

M	lett. alph.	chiff. des carr.	n°. de la feui.
Marette (la), F.	b	1	1
Marettes (les), H.	h	9	10
Mareuil, C.	s	7	7
Mareuil-la-Ferté, C.	u	3	4
Mare-Vincent (la), F.	v	16	16
Marget (le)	s	11	11
Margicourt, F.	k	3	2
Margots (les), H.	y	7	8
Margotière (la), H.	y	13	16
Marguerite (S^{e}), chap.	g	1	2
Marguerite (S^{e}), chap.	s	5	7
Marguerite (S^{e}), chap.	a	7	5
Marguerite-des-Grais (Sainte), chap.	p	3	3
Marguerite (S^{e}), prieuré.	m	2	2
Marie (Sainte), couvent.	m	8	6
Marie-des-Champs (S^{e}), comm.	d	1	1
Maries (les), F.	h	11	10
Maries (basses), H.	b	9	9
Marigny-en-Orçeois, C.	x	5	8
Marines, C.	h	3	2
Marisy (grand), C.	x	2	4
Marisy (petit), C.	x	2	4
Marisy, H.	x	2	4
Marisy, chât.	x	2	4
Marivault, H.	i	1	2
Mariveaux, H.	l	12	10
Marizez, H.	a	15	13
Marjency, C.	m	6	6
Marles, C.	s	11	11
Marlevous, F.	z	6	8
Marli (petite), H.	z	5	8
Marly, C.	k	8	6
Marly-la-Ville, C.	o	4	3
Marly-la-Ville (chât. de)	o	4	3
Marly (forêt de)	i	8	6
Marly (garenne de)	o	4	3
Marmalaise (la), F.	g	7	6
Marmoulin, chât.	c	12	9
Marmousets (les), chât.	p	10	11
Marmousse, chât.	a	11	9
Marne, C.	l	9	10
Marne, riv.	r	7	7
Marne, riv.	t	7	8
Marne, riv.	o	9	11
Marne, riv.	x	6	8
Marnières (les), H.	v	11	12
Marnoue-la-poterie, H.	n	5	8
Marnoue-les-Moines, H.	u	5	8
Maroches (les), F.	h	5	6
Marolles, C.	v	10	12
Marolles, C.	v	3	4
Marolles-en-Hurpoix, C.	m	14	14
Marolle, H. 8 postes un quart.	c	10	9

M	lett. alph.	chiff. des carr.	n°. de la feui.
Marolles, C.	p	11	11
Marolles, H.	x	13	16
Marolles, H.	e	14	13
Marolles, chât.	m	14	14
Marotes, F.	h	7	6
Marotte (la), H.	v	16	16
Marpalu, F.	c	6	5
Marquemont, C.	h	2	2
Marquemont (canal de).	h	1	2
Marre (la), H.	a	2	1
Marres (les), H.	f	4	1
Marres (les), H.	e	7	5
Marres (les), F.	x	4	4
Marre-aux-Bœufs (la), H.	g	9	10
Marre-aux-Bœufs (la), H.	d	5	5
Marre-aux-Buis (la), F.	h	11	10
Marre-Doudieu (la), F.	g	14	14
Marre-des-Forges (la), H.	d	6	5
Marre-des-Plats (la), H.	d	6	5
Marre-d'Ovilliers (la), H.	l	1	2
Marre-Rouge, F.	t	16	16
Marre-aux-Sangliers (la), ham.	d	9	9
Marre-Saulx-Marchais, comm.	g	9	10
Mars (Saint), comm.	y	11	12
Marsanges (les), H.	s	10	11
Marsauceux, H.	c	11	9
Marsaudière (la), chât.	q	10	11
Marsée, H.	e	9	9
Marsinval, H.	h	7	6
Marsy, F	v	6	8
Martigny, chât.	s	8	7
Martin (Saint), C.	k	16	14
Martin (Saint), C.	e	5	5
Martin (Saint), chât.	z	5	8
Martin (Saint), chât.	p	16	15
Martin (Saint), F.	i	5	6
Martin (Saint), F.	p	9	11
Martin (Saint), F.	q	9	11
Martin (Saint), F.	b	1	1
Martin (Saint), H.	v	7	8
Martin (bois de Saint).	t	16	16
Martin (Saint), chât.	m	6	6
Martin (Saint), abb.	t	8	8
Martin (Saint), abb.	k	5	6
Martin (Saint), abb.	g	1	2
Martin (chap. de Saint).	q	11	11
Martin (Saint), chap.	e	7	5
Martin (Saint), F.	b	3	1
Martin (Saint), chap.	b	11	9
Martin (bois de Saint).	v	15	16
Martin (bois de Saint).	p	9	11
Martin (moulin de S.).	m	11	10
Martin-du-Bouchet (S.), comm.	z	11	12
Martin-de-Bethisy (S.), C.	s	1	3
Martin-de-Bretucourt, (Saint), C.	h	11	14
Martin (Saint), cabaret.	p	13	15
Martin-des-Champs (S.), comm.	y	10	12
Martin-des-Champs (S.), comm.	y	13	16
Martin-des-Champs (S.), comm.	f	8	5
Martin-des-champs (S.), chap.	b	10	9
Martin-de-Craune (garde).	r	3	3
Martin-des-Genièvres (Saint), chap.	b	10	9
Martin-de-Heudreville (Saint), abb.	a	10	9
Martin-de-Nigelle (S.), comm.	d	13	13
Martin-des-Nonnettes (Saint), comm.	n	3	3
Martin-Pré, F.	y	2	4
Martin-de-Réveil (Saint), ham.	c	7	5
Martin-de-la-Roche (S.), ferme.	l	15	14
Martin-du-Tertre (S.), comm.	m	4	2
Martin-du-Tertre (S.), comm.	n	4	3
Martincourt, H.	n	1	3
Martinière (la), H.	l	10	10
Martinière (la), F.	t	15	16
Martinière (la), chât.	l	11	10
Martinville, C.	a	6	5
Martray (le), H.	n	2	3
Martray (le), H.	z	8	8
Martray (le), chât.	s	6	7
Marville-les-Bois, C.	a	13	13
Marville-Montie-Brûlé, comm.	b	12	9
Marville (chât. de).	a	13	13
Marvilliers, H.	z	9	12
Mary, C.	u	6	8
Mary, C.	g	8	6
Masures (les), F.	u	15	16
Masures (les), F.	t	16	16
Masures, F.	v	9	12
Masure de Ponteux.	q	4	3
Massicoterie (la), F.	h	11	10
Massory, H.	r	15	15
Massory (le buisson de), ferme.	r	15	15
Massy, C.	m	11	10
Matelan, F.	f	7	5
Mathieu (Saint), chap.	e	14	13
Mathurins (les), abb.	f	1	1

M	lett. alph.	chiff. des carr.	n°. de la feui.
Menil (le), H.	e	14	13
Menil (le), H.	m	13	14
Menil (le), H.	a	15	13
Menil (le), H.	l	12	10
Menil (le), H.	m	12	10
Menil (le), H.	i	14	14
Menil (le), H.	l	12	10
Menil (le), chât.	g	6	6
Menil (le), chât.	f	5	5
Menil (le), chât.	o	7	7
Menil (petit et grand), ham.	k	11	10
Menil (grand et petit), ham.	y	2	4
Menil (grand), F.	s	11	11
Menil (petit), F.	s	11	11
Menil (bas et haut), H.	v	9	12
Menil-Saint-Denis (étang du)	h	10	10
Menil-Amelot, C. 3 post. et demie	p	5	7
Menil-Aubourg, F.	e	7	5
Menil-Aubry (le), C.	n	5	7
Menils-les-Bardes (les), chât.	h	14	14
Menil-Bellanguet, H.	b	1	1
Menil-Blond (le), H.	k	11	10
Menil-au-Ceaume (le), ham.	a	4	1
Menil-Condy (le)	d	12	9
Menil-Court-Moulin (le), ham.	a	3	1
Menil-Saint-Denis (le), comm.	h	10	10
Menil-Saint-Denis (le), comm.	m	3	2
Menil-Forget, F.	l	12	10
Menil-Guyon (le), H.	d	6	5
Menil-Millon (le), H. et chap.	d	4	1
Menil-Montant, C. et chât.	n	8	7
Menil (moulin du)	n	5	7
Menil (moulin du)	p	5	7
Menil-Oplon, chât.	d	10	9
Menil-Piquet (le), H.	g	9	10
Menil-Ponceau, H.	c	11	9
Menil-Roland (le), H.	g	13	14
Menil-Renard (le), C.	d	5	5
Menil-Savit, H.	i	11	10
Menil-Simon, C.	d	8	5
Menilles, C.	b	5	5
Menilles (le haut), H.	b	5	5
Menilles (le bas), H.	b	5	5
Menilles, chât. et ham.	l	2	2
Menillet, F.	a	12	9
Menillet (le), chât.	s	1	11
Menillot (le), H.	x	9	12
Menoges, F.	t	8	8
Menouville, C.	k	3	2
Menu (le), F.	h	13	14
Menucourt, C.	h	5	6
Menuets, H.	g	7	6
Menuls (les), C.	g	10	10
Menuls (bois des)	f	10	9
Merancy (étang de)	i	11	10
Merangle, H.	c	11	9
Merantais, F.	i	10	10
Mercey, C.	b	4	1
Mercier (bois)	t	3	4
Mercillé, F.	f	10	9
Mère, H.	f	4	1
Mère (forêt de)	i	7	5
Mèremont (grand), H.	s	2	3
Mèremont (petit), F.	t	1	4
Merey, C.	b	6	5
Merey, C.	g	10	10
Mericourt, H.	e	5	5
Meridon, chât.	i	11	10
Meriel, C.	l	4	2
Merière (bois de)	p	4	3
Merifontaine, H.	g	7	6
Merlan, H.	o	8	7
Merlou, C.	n	1	3
Merlou (chât. de)	n	1	3
Merlou (garenne de)	n	1	3
Merobert, C.	i	16	14
Merobert, H.	a	16	13
Méru, C.	k	2	2
Méru (ruiss. de)	l	2	2
Merville, F.	n	7	7
Mery, C.	l	5	6
Mery, C.	x	6	8
Mery (Saint), C.	s	13	15
Mery (garenne de)	l	5	6
Mery (chât. de)	x	6	8
Mesières, C.	f	7	5
Mesières, C.	k	4	8
Mesly, chât.	o	10	11
Mesme (Saint), C.	h	14	14
Mesme (Saint), C.	q	6	7
Mesme (bois de Saint)	h	14	14
Mesnil (le), H.	k	14	14
Mesnil (le), H.	f	3	1
Mesnil (le), H.	z	12	12
Mesnil (chât. de)	a	10	9
Mesnil (le), chât.	b	6	5
Mesnil (grand), H.	i	14	14
Mesnil (grand et petit), ham.	h	5	6
Mesnil-sur-l'Estrée, C.	a	10	9
Mesnil-Saint-Martin (le) ferme	l	3	2
Mesnil-Racoin, H.	m	16	14

M	lett. alph.	chiff. des carr.	n°. de la feui.
Moisson, C.	e	4	1
Moissy, C.	p	13	15
Moissy, H.	v	4	4
Mole (la), fontaine	n	7	7
Molène (pont de la)	n	7	7
Molien, H.	v	6	8
Molières (les), C.	i	12	10
Molières (les), F.	h	11	10
Molières (les grandes), H.	c	5	5
Molières (les petites), H.	c	5	5
Moliezbar, H.	x	6	8
Molincourt, C.	e	2	1
Molinet (le), F.	z	6	8
Moloy, H.	v	3	4
Moloy (bois de)	y	1	4
Molu, H.	a	14	13
Molton (bois)	p	3	3
Momerie (la), F.	u	14	16
Monbertouin, H.	x	5	8
Monbine, F.	f	1	1
Monblu, H.	u	9	12
Monceau (le), H.	r	14	15
Monceau (le), H.	r	16	15
Monceau, chât.	v	15	16
Monceaux, C.	o	14	15
Monceau, H.	c	15	13
Monceaux, H.	n	2	3
Monceaux, H.	b	2	1
Monceaux, F.	e	15	13
Monceaux, H. et chât.	m	8	6
Monceaux (le), H.	e	13	13
Monceau (le), H.	s	16	15
Moncel (le), H.	i	1	2
Moncel (le), H.	f	5	5
Montcel (le), H.	x	7	8
Moncel (le), H.	x	10	12
Moncel (le), H.	z	10	12
Moncel (le), H.	u	10	12
Moncel-de-Chevru (le), ham.	x	11	12
Moncel-de-Choisy (le), ham.	x	10	12
Moncel (le), F.	x	8	8
Moncel (le), F.	x	6	8
Moncel (le), F.	x	9	12
Moncel (le), F.	t	9	12
Moncel-sous-Juoy (le), ferme	y	10	12
Moncel (le), chât.	y	10	12
Moncelets (les), F.	n	14	15
Monchauvoir, F.	s	13	15
Monchevillion, H.	y	2	4
Mondefaire, F.	p	11	11
Mondetours, H.	l	12	10
Mondetrie (la), H.	c	6	5
Mondeville, C.	n	15	15
Mondious (les), H.	g	8	6

M	lett. alph.	chiff. des carr.	n°. de la feui.
Mondorin, chât.	y	6	8
Mondreville, C.	d	8	5
Monerie (la), F.	m	13	14
Monflaines, C.	d	1	1
Monfort, riv.	n	7	7
Monfoult, C.	m	5	6
Monglas, chât.	y	11	12
Mongodefroy, H.	u	8	8
Mongoin (grand), H.	v	8	8
Mongoin (petit), H.	v	8	8
Mongressin, H.	p	3	3
Mongressin, H.	o	3	3
Monguichet, F.	x	8	8
Mongarrier, F.	h	15	14
Monhubert, H.	z	8	8
Monie, H.	u	16	16
Monitaux, H.	c	4	1
Monne, H.	x	3	4
Monplaisir, F.	v	7	8
Mons, C.	v	15	16
Mons, F.	s	13	15
Mons, F.	d	10	9
Mons (petit), F.	n	11	11
Mons, H.	n	11	11
Mons, prieuré	r	12	11
Mons-Ivry, F.	n	10	11
Monsel, H.	l	4	2
Monsoutin, chât.	v		8
Mont (le), H.	z	8	8
Mont (le), H.	v	7	8
Montaby, H.	q	4	3
Montaigu, F.	f	15	13
Montaigu, F.	q	14	15
Montaigu, H.	i	8	6
Montaigu (plaine du)	q	16	15
Montainville, C.	g	8	6
Montainville (moul. de)	g	8	6
Montaizel, H.	y	6	8
Montagne, H.	r	2	3
Montagne (la), H.	o	8	7
Montagne (la), H.	r	8	7
Montagne (la), H.	x	9	12
Montagne (la), H.	i	8	6
Montagny, C.	r	3	3
Montagny, H.	f	2	1
Montagny-la-poterie, H.	l	2	2
Montagny-Prouvaire, H.	l	2	2
Montalet, C.	g	5	6
Montalet, F.	i	3	2
Montalet, chât.	f	6	5
Montalet, H.	l	4	2
Montalet (bois de)	f	6	5
Montamets, H.	h	7	6
Montanglaust, H.	u	9	12
Montanglaust (grand), H.	v	9	12
Montapeine, F.	p	8	7
Montaquoy, F.	o	15	15

8

M	lett. alph.	chiff. des carr.	n°. de la feui.
Montarey, F.	k	5	6
Montataire, C.	n	1	3
Montauban, H.	p	7	7
Montaubé, H.	i	12	10
Mont-Auber, F.	n	12	15
Montaudier (bas), F.	t	8	8
Montaudier (haut), H.	t	8	8
Montaudoin, F.	a	16	13
Montaugé, H.	n	13	15
Montaumer, chât.	s	8	7
Montaurevers, H.	t	8	8
Montbarbin, F.	s	8	7
Montbardon, H.	t	9	12
Montbardon (bois du)	i	15	14
Montbauchet (abb. de)	v	11	12
Mont-Benard, H.	u	8	8
Mont-Berneux, H.	v	9	12
Montblain, F.	n	14	15
Montblin, H.	y	10	12
Mont-Bonneil, H.	y	6	8
Montbout, F.	s	6	7
Montbrieux (bas et haut), ham.	t	9	12
Montbron, chât.	y	14	16
Montbuisson, chât.	g	7	6
Montceaux, C.	t	7	8
Montceau, chât.	n	11	11
Montceleux, F.	p	7	7
Mont-Chauvet, C.	e	8	5
Montchavois, H.	l	1	2
Montcour (haut et bas), ham.	z	5	8
Montcouvent, F.	y	10	12
Montcouvent, F.	s	12	11
Mont-Crepin, F.	q	5	7
Montcreux (petit), H.	x	2	4
Montdauphin, C.	z	8	8
Mont-Saint-Denis, F.	t	8	8
Montdetour, H.	i	15	14
Montdolot, H.	x	10	12
Mondonville, H.	b	16	13
Monté (bois du haut)	q	1	3
Montebise, chât.	u	7	8
Monteclain, F.	l	10	10
Montecoure, F.	x	4	4
Montecouve, F.	y	14	10
Montclaire, F.	x	6	8
Mont-l'Evêque, C.	q	2	3
Mont-l'Evêque (la garenne de)	q	2	3
Mont-l'Evêque (bois de)	q	2	3
Monteli, chât.	q	10	11
Monteloup, H.	k	13	14
Montemafray, H.	v	3	4
Montenevreuil, chât.	i	1	2
Montepeau, H.	v	14	16
Montereau-sur-le-Jard, comm.	q	13	15
Montereux, H.	x	2	4
Montesson, C.	k	7	6
Montevrain, C.	r	8	7
Montfaucon, C.	z	7	8
Montfaucon, (château de)	z	7	8
Montfermeil, C.	p	8	7
Montfort-l'Amaury, C.	f	10	9
Montfrat (bois de)	l	6	6
Montgardée, F.	g	7	6
Montgaru, F.	y	10	12
Montgazon, F.	r	12	11
Montge, C.	r	5	7
Mont-Saint-Ger, F.	z	7	8
Montgermont, C.	p	15	15
Montgeron, C.	o	11	11
Montgeroult, C.	i	4	2
Montgison, H.	f	5	5
Montgivrou, H.	y	5	8
Mont-au-Gland, chât.	l	5	6
Montgreux, C.	y	2	4
Montgriffon (bois de)	o	11	11
Montgriffon	o	11	11
Montgrolle, H.	t	8	8
Montguichet, chât.	u	7	8
Montguichet, chât.	p	8	7
Montguillon, H.	s	8	7
Montharlin, H.	x	6	8
Montherand, H.	t	9	12
Montherland, ou Moirlant, C.	i	1	2
Montlhéry, C.	m	12	10
Monthières, C.	y	4	4
Monthières (chât. de)	y	4	4
Monthion, C.	s	6	7
Monthomé, F.	x	9	12
Monthomé, H.	x	7	8
Monthomet, H.	x	9	12
Montibou, F.	u	13	16
Montiens, F.	f	5	5
Montierand, F.	v	11	12
Montigny, C.	i	10	10
Montigny, C.	l	6	6
Montigny, H.	v	9	12
Montigny, H.	c	4	1
Montigny (bas), H.	y	10	12
Montigny (haut), H.	y	10	12
Montigny, H.	s	7	7
Montigny, F.	s	16	15
Montigny, chât.	z	3	4
Montigny (chât. de)	u	16	16
Montigny (bois de)	u	16	16
Montigny, chap.	t	1	4
Montigny-Lancoup, C.	u	16	16
Montigny-l'Allier, C.	v	4	4

M	lett. alph.	chiff. des carr.	n°. de la feui.
Montigny-sous-Valance, ferme	t	16	16
Montis (les), F	o	14	15
Mont-Javoult, C	f	2	1
Montjay, H	z	10	12
Montjay, H	q	7	7
Montjay, chât	k	12	10
Montjay (ferme de)	k	12	10
Mont-Jean, F	m	10	10
Mont, F	s	14	15
Mont-Jubert, chap	y	14	16
Montlambeau, H	x	8	8
Mont-la-Ville, chât. et ham	o	1	3
Montlevée, F	u	7	8
Montlouet, C	e	15	13
Mont-Louis, chât	n	8	7
Mont-Luchet, chât	m	12	10
Montmagny, C	m	6	6
Montmarlet, H	v	3	4
Montmartin (haut et bas), ham	u	9	12
Montmartin (le), F	a	3	1
Montmartre, C. et abb	m	8	6
Montmartres (les), H	v	6	8
Montmélian (bois de)	p	4	3
Montmélian, F	r	16	15
Montmenard (grand et petit), H	x	7	8
Montmenjon, H	x	3	4
Montmerel, F	a	3	1
Mont-Milon, F	x	6	8
Montmitou, F	z	10	12
Montmiraut, H	m	15	14
Montmogis, H	x	9	12
Montmorency, dit Enguien ou Emile, C	m	6	6
Montmorency (forêt de)	m	5	6
Montmorency (étang de)	m	6	6
Montmort, F	g	11	10
Montmusset, F	d	10	9
Mont-Lognon, C	q	3	3
Mont-Olivet, C	z	9	12
Montorgeuil, F	g	10	10
Mont-Ouin (le), F	f	1	1
Montoury, F	x	3	4
Montpas, F	z	4	4
Montpertuis (les), F	t	16	16
Montperthuis, F	t	8	8
Montpichet, F	t	9	12
Montpichet, H	t	8	8
Mont-de-Piété, F	r	8	7
Montpilloy, C	q	2	3
Montpilloy (bois de)	q	2	3
Montpilloy (moulin de)	q	2	3
Montplaisir, F	s	5	7

M	lett. alph.	chiff. des carr.	n°. de la feui.
Montplaisir, H	i	3	2
Montrame, H	y	15	16
Montreau, chât	o	8	7
Montreguier (petit et grand), F. et H	x	6	8
Mont-Renard, F	u	9	12
Montretout, H	u	7	8
Montretout, H	l	9	10
Montreuil, C	b	10	9
Montreuil, C	e	2	1
Montreuil, C	k	9	10
Montreuil, C	o	8	7
Montreuil-aux-Lions, C	x	5	8
Montreuil (petit), H	k	10	10
Montrinble, F	u	14	16
Montrole (bois de)	t	3	4
Montron, C	x	3	4
Mont-Rouge, C	m	9	10
Mont-Rouge, F	r	11	11
Mont-Rouge (petit), H	m	9	10
Montry, C	s	8	7
Monts, C	i	2	2
Montsaigle, chât	q	7	7
Montsaigle (bois de)	q	7	7
Mont-Souris, H	m	9	10
Mont (le haut), H	a	4	1
Mont (petit), F	f	8	5
Mont (le petit et grand), ham	x	9	12
Mont-Savot, H	t	9	12
Montubois, F	l	5	6
Montullé-en-France, H	a	10	9
Montullé-en-Normandie, ham	a	10	9
Mont-Tussy (roch. du)	q	16	15
Mont-Valérien, hermit	l	8	6
Montvinet, F	q	1	3
Mont-Vinot, H	z	10	12
Monty (petit), F	t	15	16
Monty (grand), H	t	15	16
Mony, H	z	15	16
Mony (bois)	p	7	7
Morainvilliers, C	h	7	6
Moraise, F	i	14	14
Morancy, C	n	2	3
Morangis, C	m	11	10
Morangle, C	m	2	2
Moras, chât	x	7	8
Morbras (le), ruiss	o	10	11
Morcour, C	t	1	4
Morcour, chât	s	1	3
Mordans (les), H	c	9	9
Moreau-Voisin, H	f	13	13
Moreaux (les), H	c	7	5
Morembœuf, H	y	1	4
Moret, F	l	14	14
Morfonde, F	q	7	7

M	lett. alph.	chiff. des carr.	n°. de la feui.
Moussel (le), H.	i	6	6
Mousset (grand et petit), ferme	f	6	5
Moussy-le-Vieil, C.	q	5	7
Moussy-le-Neuf, C.	p	5	7
Moussy (prieuré de)	p	5	7
Moussy-le-Vieil (bois)	q	5	7
Moussy-du-Quesnoy, C.	h	3	2
Moutarderie, F.	x	8	8
Moutier, C.	h	13	14
Moutière (la), H.	g	10	10
Moutieux (les), H.	v	12	12
Moutis, C.	z	10	12
Movert (moulin)	g	10	10
Moxouris, H.	e	10	9
Moyencour, chât.	e	8	5
Moyeux (les), H.	t	15	16
Mozaise, H.	e	12	9
Muete (la). F.	r	1	3
Muette (la), F.	b	3	1
Muette (la), F.	h	7	6
Muette (la)	h	10	10
Muette-de-Chantilly, F.	p	2	3
Muette (la), chât.	m	8	6
Muids, C.	a	2	1
Mulot, bois	q	7	7
Mulrond, F.	k	13	14
Mulsent, C.	e	8	5
Mureaux (les), C.	h	6	6
Muret, C.	z	1	4
Murgé (le), F.	q	1	3
Murgé-de-Coûte, H.	d	15	13
Murgers (petits et gr.), ham.	h	14	14
Murs (les), F.	x	14	16
Mus (moulin de)	g	9	10
Musée (la), H.	d	11	9
Muzy, C.	a	10	9
Muzy-en-France, H.	a	10	9
N			
NACELLE (la), F.	o	13	15
Nagis (grand), F.	o	13	15
Nainville, C.	o	15	15
Nainville (le), F.	g	16	14
Nainville, H.	e	1	1
Nampteuil-sur-Ourcq, comm.	y	2	4
Nampteuil Notre-Dame, comm.	z	2	4
Nancy, H.	x	10	12
Nandy, C.	p	14	15
Nanfer, H.	z	5	8
Nangis, 8 postes	u	14	16
Nasse, H.	l	4	2

N	lett. alph.	chiff. des carr.	n°. de la feui.
Nanterre, C. 1 poste et demie	l	8	6
Nanteuil-le-Haudoin, C. 6 postes	s	3	3
Nanteuil-les-Meaux, C.	t	7	8
Nanteuil sur-Marne, C.	x	6	8
Nantillerie (la), H.	d	7	5
Nantilly, C.	c	8	5
Nantilly, F.	c	8	5
Nantouillet, C.	q	6	7
Neaufle-Saint-Martin, C.	f	1	1
Neauflette, C.	c	7	5
Neauphle-le-Chât. C.	g	9	10
Neauphle-le-Vieux, C.	g	9	10
Nelles, F.	u	8	8
Nelut, H.	g	16	14
Nephliers (les), F.	h	11	10
Nerbouton, H.	c	9	9
Neron, C	c	13	13
Neroterie (la), F.	h	12	10
Nerville, H.	m	4	2
Nery, C.	r	1	3
Nesée, C.	g	7	6
Nesle, C.	l	3	2
Nesle-la-Gilberde, C.	t	11	12
Nesle, C.	z	5	8
Nesle, chât.	z	5	8
Neucourt, C.	g	3	2
Neucourt, H. et chât.	g	3	2
Neufchelles, C.	u	4	4
Neuf-Moulin, H.	p	3	3
Neufmoutiers, C.	s	10	11
Neuf-Moutiers, C.	s	6	7
Neuilly, C.	h	3	2
Neuilly, C.	b	7	5
Neuilly, F.	s	1	3
Neuilly (chât. de)	b	7	5
Neuilly (bois de)	o	8	7
Neuilly-Saint-Front, C.	y	3	4
Neuilly-sur-Marne, 2 postes	o	8	7
Neuilly-sur-Seine, C.	m	8	6
Neuilly (les), H.	x	8	8
Neuilly-en-Thelle, C.	m	2	2
Neuville, C.	a	8	5
Neuville, H.	e	1	1
Neuville, H.	i	5	6
Neuville, (chât. de)	i	6	6
Neuville, chât.	e	10	9
Neuville (parc de)	e	10	9
Neuville (garenne de)	k	6	6
Neuville (bois de)	f	10	9
Neuville-aux-Boses, C.	i	2	2
Neuville-Saint-Jean, H.	z	1	4
Neuville-la-Mare, H.	b	13	13
Neuville-des-Veaux (la), comm.	b	6	5

N	lett. alph.	chiff. des carr.	n°. de la feui.
Neuville ou Ville-Neuve-sur-Verberie, C.	q	1	3
Neuvillette (la), C.	b	7	5
Neuvillette, H.	h	2	2
Nèze, H.	c	2	1
Nezé, H.	c	2	1
Nibert (bois)	o	4	3
Nicaise (Saint), abb.	d	4	1
Nicaise (Saint), chap.	h	6	6
Nicochet, H.	c	16	13
Nicolas (Saint), F.	q	2	3
Nicolas (Saint), chap.	k	14	14
Nicolas (Saint), chap.	l	15	14
Nicolas (Saint), chap.	h	2	2
Nicolas (Saint), chap.	k	2	2
Nicolas (Saint), chap.	a	8	5
Nicolas (Saint), chap.	p	3	3
Nicolas (Saint), chap.	o	9	11
Nicolas (Saint), chap.	o	6	7
Nicolas (Saint), chap.	k	5	6
Nicolas (Saint), chap.	i	3	2
Nicolas (Saint), chap.	b	12	9
Nicolas (Saint), parc	p	2	3
Nicolas (Saint), prieuré	p	2	3
Nicolas (les), H.	d	7	5
Nid-de-Chien, F.	b	6	5
Nigelle, H.	d	13	13
Nivèle, F.	v	10	12
Nivet (bois), H.	f	10	9
Noas, F.	v	13	16
Noblets (les), H.	c	9	9
Nocquets (les), F.	g	5	6
Noé (la), H.	d	7	5
Noé-du-Bois (la), H.	b	6	5
Noé-Saint-Martin, C.	q	1	3
Noé-Saint-Remy, C.	q	1	3
Noé, fontaine	p	2	3
Noéfort, H.	r	5	7
Noéfort (bois de)	r	5	7
Nogent, H.	l	4	2
Nogent (petit), H.	r	12	11
Nogent (chât. de)	o	1	3
Nogent (forêt de)	z	7	8
Nogent-l'Artault, C.	y	6	8
Nogent-sur-Eure, C.	c	12	9
Nogent-sur-Eure (chât. de)	c	12	9
Nogent-sur-Marne, C.	o	9	11
Nogent-de-Phaye, C.	d	16	13
Nogent-le-Roi. *Voy.* Nogent-sur-Eure	c	12	9
Nogentel, H.	z	1	4
Nogentel, C.	z	5	8
Nogentel (chât. de)	z	5	8
Nogent-les-Vierges, C.	o	1	3
Nointel, C.	m	4	2
Noiseau, ou Ormesson, C.	p	10	11

N	lett. alph.	chiff. des carr.	n°. de la feui.
Noisemant, H.	x	7	8
Noisemant (commun. de)	x	7	8
Noisemant, H.	n	15	15
Noisement, H.	h	3	2
Noisemont, H.	p	14	15
Noisiel, C.	p	9	11
Noisiel, C.	p	8	7
Noisy, C.	i	9	10
Noisy, F.	n	11	11
Noisy (le grand), C.	p	12	11
Noisy-sur-Oise, C.	m	3	2
Noisy-le-Sec, C.	o	8	7
Nolongue, H.	v	8	8
Nom (Saint), C.	i	8	6
Nom-de-Jésus (Saint), chap.	g	8	6
Nonains, H.	c	9	9
Noncienne, F.	i	13	14
Nonette, riv.	n	2	3
Nonette, riv.	q	2	3
Nonette, riv.	r	3	3
Nonnes (les), F.	g	14	14
Nongloire, F.	s	5	7
Nonseuvre, F.	m	16	14
Nonville, H.	o	7	7
Normandie (la), F.	t	10	12
Noroy, C.	x	2	4
Norville (la), C.	m	13	14
Norvin (gr. et pet.), F.	z	6	8
Nos (les), H.	a	3	1
Nosay, C.	l	12	10
Notre-Dame, chap.	o	13	15
Notre-Dame, chap.	n	10	11
Notre-Dame-du-Chene, chap.	g	10	10
Notre-Dame-des-Anges, chap.	p	8	7
Notre-Dame (bois de)	p	10	11
Notre-Dame (bois de)	p	15	15
Notre-Dame-de-Bon-Secours, chap.	d	10	9
Notre-Dame-de-Bon-Secours, chap.	p	2	3
Notre-Dame-de-Bon-Secours, chap.	b	2	1
Notre-Dame-de-Bonne-Nouvelle, chap.	k	3	2
Notre-Dame-de-Bonne-Nouvelle, chap.	c	7	5
Notre-Dame-des-Champs, chap.	m	3	2
Notre-Dame-des-Champs, chap.	k	1	2
Notre-Dame-des-Champs, chap.	y	14	16
Notre-Dame-des-Champs, chap.	m	4	2

N	lett. alph.	chiff. des carr.	n°. de la feui.
Notre-Dame-du-Chêne, chap.	u	4	4
Notre-Dame-du-Chêne, (bois de)	u	4	4
Notre-Dame-de-Consolation, chap.	o	9	11
Notre-Dame-du-Cormier, C.	a	6	5
Notre-Dame-de-la-Desirée, chap.	e	5	5
Notre-Dame-de-la-Fontaine, chap.	e	15	13
Notre-Dame-de-la-Garenne, chap.	b	3	1
Notre-Dame-de-Grosbois, chap.	q	7	7
Notre-Dame-de-Grace, comm.	b	3	1
Notre-Dame-de-Guivry, chap.	p	5	7
Notre-Dame-des-Halles. *Voy.* Saint-Blaise, chap.	d	2	1
Notre-Dame-du-Haut-Soleil, chap.	r	8	7
Notre-Dame-du-Jariel, chap. ruinée	y	15	16
Notre-Dame-de-Lorette, chap.	d	3	1
Notre-Dame-des-Marais, chap.	s	3	3
Notre-Dame-des-Mèches ferme	o	10	11
Notre-Dame-de-la-Mère, chap.	c	5	5
Notre-Dame-de-Montmélian, prieuré	p	4	3
Notre-Dame-des-Neiges, ferme	h	6	6
Notre-Dame-de-Pitié, chap.	i	3	2
Notre-Dame-de-Pitié, chap.	f	8	5
Notre-Dame-de-Pitié, chap.	k	1	2
Notre-Dame-des-Prés, F.	l	16	14
Notre-Dame-de-la-Roche, chap.	h	11	10
Notre-Dame-de-la-Ronde, chap.	b	10	9
Notre-Dame-le-Rognon, chap.	u	8	8
Notre-Dame-de-Santé, chap.	f	6	5
Notre-Dame-de-bon-Secours, chap.	e	8	5
Notre-Dame-des-Souffrances, chap.	p	8	7

N	lett. alph.	chiff. des carr.	n°. de la feui.
Notre-Dame-de-toutes-Aides, chap.	i	16	14
Notre-Dame-du-Vivier, prieuré	s	11	11
Nots (bois des)	k	13	14
Noüe (la), H.	k	12	10
Noüe (la), H.	t	13	16
Noue (la), H.	y	7	8
Noüe (la), H.	y	8	8
Noue (la), F.	b	16	13
Noue (la), F.	e	11	9
Noue (la), F.	t	15	16
Noue (la), F.	f	10	9
Noue (grande), chât.	v	9	12
Noue (petite), F.	v	9	12
Noue (petite), F.	z	6	8
Noue (la), chât. et F.	u	1	4
Noue (la), chât.	u	7	8
Noue (bois de la)	n	4	3
Noues (les), F.	n	13	15
Noue-le-Pêtre (la), F.	y	7	8
Noue-Mignard, F.	v	13	16
Nouette, F.	y	5	8
Nourée (la), H.	g	7	6
Nouveau-Monde, H.	e	1	1
Nouvelle-France (la), F.	k	12	10
Novalles (bois des)	e	10	9
Nove (la), F.	h	12	10
Noviller-Sainte-Geneviève, prieuré	l	1	2
Noyers, C.	e	1	1
Noyers, H. et chap.	b	1	1
Noyon, F.	t	4	4
Nuisemant, H.	b	11	9
Nuisement, H.	e	14	13

O

O	lett. alph.	chiff. des carr.	n°. de la feui.
OBEVILLE, chât.	h	15	14
Oblere, H.	i	16	14
Observatoire national de Paris	m	9	10
Ocquère, C.	u	5	8
Occonville, chât.	e	15	13
Ognon, C.	q	1	3
Ognon, chât.	q	2	3
Ognon (étang d')	q	2	3
Oigny, C.	v	2	4
Oinville, C.	g	5	6
Oirai, H.	b	16	13
Oise, riv.	k	5	6
Oise, riv.	n	2	3
Oise, riv.	m	3	2
Oisème, H.	c	15	13
Oisery, C.	s	5	7
Oliveaux (les), H.	y	10	12

O	lett. alph.	chiff. des carr.	n°. de la feui.
Ozerre (l'), H	l	11	10
Ozouer-le-Vougis, C	r	12	11
Ozouer-la-Ferrière, C	q	10	11
Ozouer-le-Repos, C	t	13	16
Ozouer (bois d')	s	12	11
P			
PACEL, C	b	5	5
Pacteries (les), F	e	11	9
Pacy, C. 11 postes	b	5	5
Pacy (forêt de)	b	5	5
Padole (la), F	o	15	15
Paillard (moulin)	e	7	5
Paincuit, H	b	13	13
Paincuit, F	a	8	5
Paintelan, F	o	2	3
Paire, H	m	12	10
Paissac, H	f	15	13
Paix, H	b	1	1
Pajesse (la), F	s	14	15
Palaiseau, C	l	11	10
Palaiseau (rigole de)	l	11	10
Paleau, chap	n	14	15
Palée (la), F	z	13	16
Palfour, moulin	k	7	6
Palmont, H	f	2	1
Palmord, F	g	8	6
Paloterie (la), H	h	11	10
Paly (le), H	s	11	11
Pampon, H	e	15	13
Pampoul, F	e	8	5
Panchard, C	s	6	7
Pane, H	e	16	13
Panfou, H	s	16	15
Panilleuse, C	c	3	1
Pannerie (la), H	g	10	10
Pannetrie, F	h	11	10
Panpinerie (la), chât	h	11	10
Pantin, C	n	8	7
Pantoufle, H	b	9	9
Papeterie de Musy	o	10	9
Papier (moulin à)	b	13	15
Paponville, H	h	16	14
Paradis, H	u	10	12
Paradis, H	d	13	13
Paradis, F	t	12	12
Paradis, F	d	16	13
Paradis, F	u	7	8
Parc (le), H	a	8	5
Parc-aux-Choux, F	t	16	16
Parc (le), F	u	5	8
Parc (le), chât	d	13	13
Parc (bois du)	q	11	11
Parc (bois du)	p	4	3
Parc (bois du)	s	2	3
Parc-d'en-Haut (mais. du)	f	10	9

P	lett. alph.	chiff. des carr.	n°. de la feui.
Parc-d'en-Bas, chât	f	11	9
Parc-aux-Dames, C	s	2	3
Parc (le petit), F	g	11	10
Parcy, C	y	1	4
Paré-le-Moineau, C	g	16	14
Parenterie (la), F	r	10	11
Pareu (le), H	l	5	6
Pareux (le), F	u	15	16
Parey	n	11	11
Parfondeval, H	k	1	2
Parichets (les), H	u	9	12
Parichets (les), H	v	10	12
Paris, C. partie nord-est; contenant les fauxbourgs Saint-Denis, Saint-Martin et du Temple	n	8	7
Paris, C. partie nord-ouest; contenant Chaillot, les fauxbourgs Honoré, Montmartre, et le Gros-Cailloux	m	8	6
Paris, C. partie sud-est; contenant l'Ecole-Militaire, le Luxembourg, l'Observatoire, le fauxbourg Saint-Germain	m	9	10
Paris, C. partie sud-est; conten. les fauxbourgs Saint-Antoine, Saint-Victor	n	9	11
Paris (petit), F	g	6	6
Paris (petit), F	v	8	8
Paris (petit), F. 10 post.	x	5	8
Paris (petit)	p	15	15
Paris (petit), chât	v	12	12
Paris ou Port-de-Gournay (petit), H	p	8	7
Paris (moulin du petit)	m	13	14
Parmin, H	l	4	2
Parnes, C	f	2	1
Parouseau, F	v	16	16
Parousin, F	x	6	8
Paroy, C	x	15	16
Paroy, F	x	6	8
Paroy (chât. de)	x	15	16
Paroy (bois de)	x	15	16
Parroy (bois de)	n	4	3
Parpigneux, H	y	6	8
Part (le), F	t	14	16
Pasloup, H	n	16	15
Passoir (le), H	e	11	9
Passy, C	x	3	4
Passy, C	m	8	6
Passy, chât	q	11	11
Pâté (le), H	m	14	14
Pathus (Saint), C	r	5	7

P	lett. alph.	chiff. des carr.	n°. de la feui.
Patis (le), H..........	g	12	10
Patis (le), H..........	z	8	8
Patis (les), H..........	g	10	10
Patis-de-Vacheresse (les), ham................	e	12	9
Patres (les), F.........	z	8	8
Patrouille (la), F.......	q	10	11
Pâtureaux, F..........	l	15	14
Paty (le), H...........	e	13	13
Pauliers (les), H........	y	7	8
Paul-les-Aulnays (S.), prieuré.............	i	11	10
Paul (Saint), chap......	a	6	5
Pavaut, C.............	y	7	8
Pavant, F.............	t	11	12
Pavant (moulin de).....	y	6	8
Pave, H..............	c	2	1
Pavé (le haut), H......	i	16	14
Pavillon (le), F........	m	13	14
Pavillon, chât.........	f	5	5
Pavillon, chât.........	a	3	1
Pavillon, chât.........	o	10	11
Pavillon, chât.........	g	5	6
Pavillon, chât.........	e	6	5
Pavillon, F...........	f	8	5
Pavillon de Breuil......	k	10	10
Pavillon du Clos........	c	16	13
Pavillon des Clefs......	i	10	10
Pavillon de l'Etang......	g	12	10
Pavillon Saint-Maurice..	c	16	13
Pavillon du grand étang de Marcoussy........	l	12	10
Pavillon de la Meute....	k	6	6
Pavillons (les), F.......	l	12	10
Pavillon du Garde-Rigole.................	k	11	10
Péage (le), H..........	b	13	13
Péage-des-Pilliers......	e	10	9
Pec (le), C...........	k	8	6
Pêcherie (la), F........	v	16	16
Pécy, C..............	u	12	12
Pelleré (la), H.........	c	6	5
Pelimus, chât.........	l	3	2
Pepins (les), F.........	a	1	1
Pépinière (la), F.......	v	7	8
Pénitens (les), couvent..	c	4	1
Pensereau, F..........	l	15	14
Pequeux, C...........	s	13	15
Pequeuse, C...........	i	12	10
Pequeuse (bois de).....	e	11	9
Peray, C..............	g	11	10
Peray (étang du)........	g	11	10
Perchay (le), C.........	h	4	2
Perche (le), F..........	t	10	12
Percherie (la), F.......	k	9	10
Perdreauville, H.......	e	10	9
Perdreauville, H.......	e	6	5

P	lett. alph.	chiff. des carr.	n°. de la feui.
Perdreaux (les), H.....	z	7	8
Perdrièche, H.........	n	12	11
Perdrières (les), H.....	u	7	8
Pereux (le), chât.......	o	9	11
Perichois, H..........	t	13	16
Perigny, C...........	p	11	11
Perigny, F...........	r	13	15
Perioterie (la), F......	d	11	9
Périne (Sainte), chap...	n	8	7
Peroches (les), H.....	u	10	12
Péronnerie-Bezois (la), ham................	z	4	4
Peroye, C............	s	3	3
Perriers (les), H.......	b	4	1
Perrière (clos de la)....	l	10	10
Perruques (les), H.....	b	3	1
Perreuse, chât.........	v	7	8
Persan, C............	m	3	2
Perthes, C...........	p	15	15
Perthe (bois de).......	r	3	3
Pertuis, H............	x	11	12
Peruche (la), F........	e	5	5
Peruche (la), F........	d	13	13
Peruche (la), F........	d	12	9
Peruche (la), H........	f	9	9
Peruche (la), F........	k	11	10
Peruche (la), F........	e	11	9
Pervanches (les), H....	a	6	5
Pesles (chap. des)......	e	13	13
Pesles (bois des)........	e	13	13
Petray, H............	z	6	8
Pétribout, F..........	z	7	8
Pezarches, C..........	u	11	12
Pian, (bois)...........	e	7	5
Piat (Saint), C........	d	14	13
Piats (les), F.........	u	10	12
Pic (la), H...........	g	7	6
Picardie (la), H.......	u	14	16
Picardie (la), F.......	u	7	8
Picardie (petite), F.....	y	5	8
Picardie (petite et grande), F..............	y	4	4
Picpus, abb..........	n	9	11
Picpus, abb...........	s	14	15
Picpuse (abb. de).......	m	4	2
Picquenard, H........	h	7	6
Picot (bois)...........	u	9	12
Picot (moulin).........	l	13	14
Picoterie (la), H.......	d	8	5
Pideaux (les), H.......	e	10	9
Pie (la), F............	u	3	4
Pierotis (carrière de)....	y	14	16
Pierre (la), F.........	x	7	8
Pierre (la), F.........	m	16	14
Pierre (la), H.........	c	6	5
Pierre (la), F.........	v	15	16
Pierre (Saint), C.......	s	4	3

P	lett. alph.	chiff. des carr.	n°. de la feui.
Pierre (Saint), C.	h	1	2
Pierre (Saint), chap.	m	3	2
Pierre (Saint), chap.	f	6	5
Pierre-d'Autils (Saint), comm.	b	4	1
Pierre-de-Cap (Saint), chap.	c	12	9
Pierre-de-Berchère-la-Maingot (Saint), C.	c	14	13
Pierre-Fitte, C.	n	6	7
Pierrefitte, H.	k	16	14
Pierre-de-la-Garenne (Saint), C.	b	3	1
Pierre-Gauthier, H.	s	15	15
Pierrelaye, C.	k	5	6
Pierrelaye (bois de)	l	5	6
Pierrelevée, C.	u	8	8
Pierreley, C.	z	11	12
Pierre-de-Perray (Saint), comm.	o	13	15
Pierrepont, H.	f	2	1
Pierres, C.	d	13	13
Pierres (moulin des)	f	6	5
Pierre-en-Veuve (Saint), ham. et chap.	v	9	12
Piffaudières (petites), H. et chât.	e	12	9
Pigeonnières (grandes et petites), F.	s	10	11
Pigy, H.	z	14	16
Pillaiserie (la), H.	e	11	9
Pille-froid, H.	y	9	12
Pilleux (bois du)	l	11	10
Piliers (les), F.	o	9	11
Pillonerie (la), F.	r	10	11
Pilotière (la), F.	f	13	13
Pin (le), C.	q	7	7
Pinceloup, chât. et F.	g	13	14
Pinçonière (la), H.	g	10	10
Pinnebart, H.	y	9	12
Pinebry (bois de)	k	6	6
Pinte (la grande), F.	n	9	11
Pintières (les), C.	d	11	9
Piple (le), chât.	o	10	11
Piquenard, F.	i	7	6
Piqueterie (la), F.	g	13	14
Piqueterie (la), F.	h	10	10
Pironnelle (la), F.	y	12	12
Pirons (les), F.	t	16	16
Piscop, C.	m	6	6
Pise-Fontaine, H.	i	6	6
Pissaloup (porte de)	h	10	10
Pisseleux ou Puiseux, C.	u	1	4
Pisseloup, F.	x	6	8
Pisseloup, F.	y	7	8
Pislouvet, F.	z	6	8
Pisieux, F.	r	6	7

P	lett. alph.	chiff. des carr.	n°. de la feui.
Pissotte (la), C.	n	9	11
Pissotte (la), H.	g	9	10
Piviery, F.	x	8	8
Pivot, F.	k	12	10
Pivot, H.	x	13	16
Place (la), H.	c	13	13
Places (les), F.	n	13	15
Placquères (les), F.	n	13	15
Plaignes (les), H.	a	5	5
Plaignes (les), H.	b	1	1
Plailly, C.	p	4	3
Plaine (ferme de la)	f	13	13
Plaine de Sermaise	r	15	15
Plaine (étang de)	f	10	9
Plaingne (la), H.	f	6	5
Plains (les), H.	e	8	5
Plaisance, H.	o	9	11
Plaisance, F.	z	6	8
Plaisance (moulin de)	o	9	11
Plaisir, C.	h	9	10
Plaisir (petit), H.	h	14	14
Plaisir (le), F.	u	7	8
Plaisir (chât. de)	h	9	10
Plaisirs (fontaines des)	f	3	1
Plaissis-Marly, H.	i	14	14
Planchantcour, F.	y	8	8
Planche (la), F.	e	13	13
Planche (la), F.	x	9	12
Planche (la), H.	o	15	15
Plancher (le), H.	a	5	5
Planches (les), H.	s	12	11
Planches (les), H.	c	1	1
Planches (les), F.	l	11	10
Planche (moulin de la)	o	6	7
Planche (bois de la)	p	7	7
Planche-Ferot, H.	v	11	12
Planche-Oudin, cabaret.	u	10	12
Planchette (la), F.	r	10	11
Planchette (la), chât.	m	8	6
Planchonnerie (la), F.	t	16	16
Planest (moulin du)	f	11	9
Planoy, C.	u	11	12
Plant (bois du grand)	o	10	11
Plant (bois du petit)	o	10	11
Plante-Auchêne, F.	z	5	8
Plat, ruiss.	h	6	6
Plateau-des-quatre-Piliers (bois du)	e	10	9
Platteau, H.	i	15	14
Plâtrerie, F.	b	1	1
Plâtriers, F.	x	6	8
Plâtriere, F.	g	6	6
Plâtrières, F.	x	7	8
Plâtrières, F.	v	5	8
Plâtrières (les), F.	v	7	8
Plâtrières, F.	z	5	8
Platry, F.	r	7	7

P	lett. alph.	chiff. des carr.	n°. de la feui.
Plaux (les), H.	c	10	9
Plemont (bois de)	r	3	3
Plesse (la), F.	l	12	10
Plesse (la), F.	b	3	1
Plesse (la), F.	c	6	5
Plessis-Antoine (le), chât.	p	9	11
Plessier (le), F.	y	8	8
Plessier (le), F.	x	7	8
Plessiers (le), chât.	u	7	8
Plessier-Corne-froid (le), ham.	r	1	3
Plessier-Huleux (le), C.	y	1	4
Plessiers-les-Lusarches (le), C.	o	4	3
Plessiers (le), H.	v	8	8
Plessis (le), F.	t	11	12
Plessis (le), H.	x	9	12
Plessis (le), H.	v	16	16
Plessis (le), H.	g	3	2
Plessis (le), H.	k	10	10
Plessis (petit), F.	p	13	15
Plessis (petit), F.	i	16	14
Plessis (le), F.	t	14	16
Plessis (le), F.	t	16	16
Plessis, F.	v	15	16
Plessis (le), F.	f	13	13
Plessis-d'Argouges (le), comm.	m	13	14
Plessis-Belleville (le), comm.	r	4	3
Plessis-aux-Bois, H.	u	2	4
Plessis-du-Bois (le), C.	r	6	7
Plessis-Bouillancy (le), C.	t	4	4
Plessis-Bouillancy (le), ham. et moulin	t	4	4
Plessis-Bouchart (le), C.	l	6	6
Plessis-le-Bourg, F.	u	3	4
Plessis-Châtelin (le), H.	s	1	3
Plessis-aux-Chats, H.	v	16	16
Plessis-Chenet (le), H.	o	14	15
Plessis-Choiselle (le), chât.	p	2	3
Plessis-Corbreuse, H.	h	15	14
Plessis-l'Evêque (le), C.	r	6	7
Plessis-feu-Aussou (le), comm.	u	11	12
Plessis-Gassot, C.	n	5	7
Plessis-Hébert (le), C.	b	6	5
Plessis-le-Comte (le), C.	n	12	11
Plessis-la-Tour, H. et chât.	z	13	16
Plessis-Malet, F.	u	12	12
Plessis-Neau, F.	v	13	16
Plessis-les-Nonains, F.	q	11	11
Plessis-Picard (chât. de)	p	13	15
Plessis-Pigy (le), H.	z	14	16
Plessis-Piquet, C.	l	10	10
Plessis-Placy (le), C.	t	5	8
Plessis-Poil-de-Chien, H.	y	13	16
Plessis-Pommeraye (le), ham.	o	1	3
Plessis-Sainte-Avoye, chât.	t	9	12
Plessis-Saint-Benoît, chap.	i	16	14
Plessis-Saint-Père, H.	m	12	10
Plessis-sur-Auteuil, chât.	u	2	4
Plessis-sur-Vert, H.	a	10	9
Plessis-Thiébault, F.	l	13	14
Plessis-aux-Tournelles, ham. et chât.	x	13	16
Pleux (les), H.	x	9	12
Pleux (les), F.	t	14	16
Pleux (grand), H.	z	15	16
Plissons (les), H.	d	9	9
Plix (le), F.	d	3	1
Plus (le), H.	q	16	15
Pissotte (la), C.	n	9	11
Pissotte, F.	g	5	6
Pocancy, F.	m	15	14
Poincy, C.	t	6	8
Poigny (chât. de)	f	12	9
Poigny, C.	y	14	16
Poigny, C.	f	12	9
Poigny-en-Prairie (étang de)	f	12	9
Point-du-Jour, H.	l	9	10
Point-du-Jour, H.	c	4	1
Point-du-Jour (le), F.	g	5	6
Pointe (la), F.	k	14	14
Pointe (la), F.	t	14	16
Pointe (la), F.	o	9	11
Pointe-de-Gentilly (moulin de la)	n	9	11
Pointe (la), F.	r	10	11
Pointe-le-Comte (la), chât.	s	9	11
Poirier (le), H.	c	7	5
Poirier-Godart (le), H.	d	6	5
Poirier (moulin du)	g	9	10
Poislée (la), H.	k	15	14
Poisses (les), F.	u	14	16
Poissonnerie (la), F.	y	7	8
Poissy, C	i	7	6
Poissy (chât. de), F.	e	7	5
Poissy (chât. de), ruiné.	e	7	5
Poisvillier, C.	c	15	13
Poitiers, chât.	z	10	12
Poitevine, H.	l	12	10
Poligny, H.	x	10	12
Poligny (petit et grand), ham. et ferme	t	5	8
Poltain, H.	e	8	5
Pomeraye (la)	f	12	9

P	lett. alph.	chiff. des carr.	n°. de la feui.
Pommeraye (la), F.....	a	15	13
Pommeraye (bois de la).	g	12	10
Pommeraye (bois de la haute)............	o	1	3
Pommeraye (bois de la basse)............	o	2	3
Pomerel (la), H.......	h	11	10
Pomeret, F..........	c	7	5
Pomeret (bas), H.......	c	7	5
Pomeret (le), chât.....	i	12	10
Pomets (les), H.......	x	5	8
Pommeuse, C.........	u	9	12
Pomolain (grand), H...	v	9	12
Pomelain (petit), H....	v	9	12
Pompe à feu..........	n	9	11
Pompierre, H..........	z	7	8
Pomponne, C..........	q	8	7
Pomponne (parc de)....	q	8	7
Poncy, H.............	i	8	6
Poncy (parc de)........	i	8	6
Pont (le), H..........	e	15	13
Pont, H.	m	15	14
Pont (le), H..........	y	6	8
Pontaly, F...........	i	9	10
Pontarmé, C..........	p	3	3
Pontarmé (forêt de).....	p	3	3
Pontault, C..........	p	10	11
Pont-aux-Dames, abb...	s	8	7
Pont-aux-Pourceaux....	o	12	11
Pont-aux-Vaches, H....	d	4	1
Pontavenne, H........	i	1	2
Pont-Barat (moulin de)..	g	8	6
Pont-Barat, H.........	g	8	6
Pontcarré, C..........	q	9	11
Pontcarré (chât. de)....	q	9	11
Ponceau, H..........	d	13	13
Ponceau (moulin du)...	n	7	7
Poncelet (le), F.......	s	9	11
Poncelle, H..........	m	5	6
Poncet (le), H........	u	10	12
Pongerville, F.........	s	16	15
Pont-d'Anne (le), F....	f	8	5
Pont-Charrier, H.......	a	10	9
Pont-Chartrain, château, 4 postes............	g	10	10
Pont-Colbert, H.......	k	10	10
Pont de Fontaine.......	h	8	6
Pontdepierre, F.......	i	11	10
Pontdron, C..........	t	1	4
Pontdron (étang de).....	t	1	4
Ponteau-d'Eve.........	r	4	3
Ponteux (bois de)......	q	4	3
Pontel (le), moulin et cabaret............	g	9	10
Pontevrard, C.........	h	14	14
Pont-Gallon..........	g	6	6
Pont-Granval..........	h	11	10
Ponthean, F..........	d	13	13
Ponthiéry, H. 5 postes..	p	14	15
Pontigneau (moulin de).	r	11	11
Pontillault, chât.......	p	10	11
Pontillaut (ferme de)...	p	10	11
Pontillaut (garenne de)..	q	10	11
Pont-Maréchal.........	l	10	10
Pont-Margant, H.......	g	11	10
Pont-Martine, H......	k	16	14
Pont du Montier.......	f	12	9
PONTOISE, C. 4 post.	k	5	6
Pontoise, H..........	z	7	8
Pontpierre, H........	t	12	12
Pontrue, F...........	i	14	14
Pont de Saint-Maur.....	o	9	11
Pont des Seigneurs.....	r	12	11
Pont Tareau..........	g	11	10
Ponteville (étang de)...	u	16	16
Pont-Yblon...........	o	7	7
Popin, F.............	z	4	4
Porcheuville, C........	f	6	5
Porcheuville (bois de)...	f	6	5
Porchefontaine, F......	k	10	10
Port (petit), H........	v	2	4
Port-de-Creteil (petit), ferme..............	o	9	11
Port-à-l'Anguille, F....	r	16	15
Port-à-l'Anglais, H.....	n	9	11
Port-de-Gournay. *Voyez* Port-de-Paris, H....	p	8	7
Port-Mahon...........	o	11	11
Port-de-Marly, H......	k	8	6
Port-Morin, H.........	b	1	1
Portmort, C..........	b	3	1
Portes (les), F........	m	14	14
Port-Penché, H........	a	1	1
Port-des-Roises, chât...	s	7	7
Port-Royal, abb.......	i	10	10
Port-de-Ru, F.........	e	3	1
Port-Saint-Leu, H.....	n	2	3
Port-de-Villez, C......	c	5	5
Porte-Saint-Denis (moul. de la)............	l	7	6
Porte-Ferrée, F........	v	6	8
Porte-Lamballe, F.....	f	12	9
Portes, C............	o	15	15
Portron ou Porget, F...	x	6	8
Poste-de-Bonne, F.....	l	15	14
Potançon, moulin......	h	10	10
Potées (les), H........	x	9	12
Potelet, F............	i	14	14
Poterie (la), F........	h	13	14
Poterie (la), F.......	b	4	1
Poterie (la), F........	i	14	14
Poterie, H...........	z	3	4
Poterie (moulin de la)...	h	13	14
Poterie (la), H........	v	2	4

P	lett. alph.	chiff. des carr.	n°. de la feui.
PROVINS, C. 11 post.	y	14	16
Prie-Dieu (les), H.....	g	7	6
Pruilly, abb..........	v	16	16
Prunay-sous-Ablis, C...	f	14	13
Prunay (le haut), H....	e	8	5
Prunay, chât..........	k	8	6
Prunay-le-Temple, C...	c	8	5
Psaume (la), H........	u	13	16
Puidroit, H...........	c	16	13
Puimadière (étang de)...	e	9	9
Puisart, F............	i	2	2
Puisarts (les), fontaines.	o	6	7
Puis-carré, chât........	r	10	11
Puiseaux, H..........	u	11	12
Puiseleau, F..........	z	10	12
Puiseux, C. *V.* Pisseleux.	u	1	4
Puiseux, C...........	o	5	7
Puiseux, C...........	i	5	6
Puiseux (moulin de)....	o	5	7
Puis-fondu, F.........	f	12	9
Puis-frou, H..........	z	14	16
Puisier, F............	r	1	3
Puisieux-le-haut-Berger, comm. 5 postes un q..	l	2	2
Puisieux, C..........	t	5	8
Puits Bardin..........	r	16	15
Puit-Mignon (le), H....	d	13	13
Puit-Sauvage, F.......	n	15	15
Puy (le), H..........	v	10	12
Puizeux, C...........	b	12	9
Puteaux, C...........	l	8	6
Puttemusse, F.........	u	15	16

Q	lett. alph.	chiff. des carr.	n°. de la feui.
QUAIZES (les), H....	a	3	1
Quarré (le), H........	b	9	9
Quatre-Vents (les).....	a	7	5
Quatre-Vents (les), cab.	l	14	14
Quédonne (moulin de)...	i	13	14
Quentin (Saint), C.....	v	3	4
Quentin (Saint), chap...	i	10	10
Quentin (Saint), chap..	t	5	8
Quentin (Saint), chap. ruinée..............	f	8	5
Quentin (étang de Saint).	i	10	10
Querons (les), F.......	t	16	16
Queue (la), C. 5 postes trois quarts..........	f	9	9
Queue (la), C.........	p	10	11
Queue (la), H.........	a	9	9
Queue (moulin de la)...	f	10	9
Queue-d'Ais (la), H....	d	3	1
Queue (bois de la)......	f	10	9
Queue (le parc de la)....	f	9	9
Queue (la), chât.......	p	6	7
Queue-de-Bondoufle....	n	13	15
Queue-de-Fontaine.....	n	15	15
Queue-Noire (la), F....	d	11	9
Queue-de-Viry.........	n	12	11
Queux (grande), H.....	z	6	8
Queux (petite), F......	z	6	8
Quessigny, C..........	a	7	5
Queurses (les), F......	x	10	12
Quiers, C............	t	13	16
Quins (les), F.........	r	11	11
Quincampoix, F.......	i	12	10
Quincy, C............	p	12	11
Quincy, C............	s	8	7
Quincy, chât..........	x	12	12
Quinte-Joye (moulin de).	s	8	7
Quoniam, chât.........	i	3	2

R	lett. alph.	chiff. des carr.	n°. de la feui.
RABETTE, ruiss.....	h	13	14
Rabières (bois des).....	f	12	9
Rabourel, rivière.......	x	9	12
Rachée (la), F........	v	14	16
Racinay (pet. et gr.), H.	g	13	14
Raconis, chât. et ham...	e	10	9
Racy, H.............	y	3	4
Rade (moulin du).......	g	8	6
Radegonde (Sainte), abb.	o	14	15
Radegonde (Sainte), chap...............	m	5	6
Rades (moulin des).....	e	6	5
Radon (le), ruiss.......	c	7	5
Rafin, H............	c	12	9
Ragonnant (grand et petit), chât. et ferme....	k	11	10
Raincy (petit), chât....	o	8	7
Raion, H............	i	3	2
Rambouillet, C. 5 postes trois quarts..........	g	12	10
Rambouillet (parc de)...	f	12	9
Ramée (étang de la)....	q	4	3
Ramonnerie, F.........	z	6	8
Rampillon, C..........	u	14	16
Ranchiens (le), H......	v	10	12
Randonnerie (la), F....	h	11	10
Rangiport, H..........	g	6	6
Raray, C............	r	1	3
Raray (moulin de)......	r	1	3
Raray (bois de)........	q	1	3
Raroy, H............	v	5	8
Rat (moulin du)........	l	10	10
Ravenelles (les), H....	f	5	5
Ravigny, F...........	y	14	16
Raville, H............	b	10	9
Réal, F.............	i	5	6
Reanville, C..........	b	4	1

R	lett. alph.	chiff. des carr.	n°. de la feui.
Reau, C.	q	13	15
Rebais, C.	x	9	12
Rebetz (petit), H.	h	1	2
Rebetz, F.	h	1	2
Recette (la), F.	h	11	10
Recoin, H.	e	10	9
Récolets, abb.	q	14	15
Reculé (moulin)	f	12	9
Redemont, F.	t	8	8
Redeval, H.	c	1	1
Réez, C.	t	4	4
Reilly, C.	g	1	2
Reines (fontaine des)	p	2	3
Reluger, F.	t	12	12
Remise Saint-Martin	o	3	3
Remy (Saint), C.	f	15	13
Remy (Saint), C.	i	11	10
Remy (Saint), C.	g	10	10
Remy (Saint), H.	e	3	1
Remy (Saint), F.	o	4	3
Remy-d'Aumont (Saint), comm.	x	3	4
Remy (Saint), abb.	n	7	7
Remy (Saint), abb.	v	1	4
Remy-des-Landes (S.), abb.	g	13	14
Remy-de-la-Vanne (S.), comm.	x	10	12
Remy (Saint), chap.	k	6	6
Remy-de-Berchère-la-Maingot (Saint), H.	c	14	13
Remy-Blanzy (Saint), C.	y	1	4
Renancourt, chât.	c	12	9
Renard, chât.	y	9	12
Renard, chât.	y	8	8
Renards (parc aux)	m	10	10
Renardière (la), H.	g	11	10
Renardière (la), F.	q	9	11
Renauderie (la), F.	z	8	8
Renfermes (les), ou faux-bourg Saint-Martin	p	2	3
Rennemoulin, C.	i	9	10
Rennetrie (la)	h	11	10
Renonvoisin, H.	y	3	4
Renonviller, F.	g	13	14
Renoue (le bois), H.	t	10	9
Renoue (grande), H.	z	9	12
Renoue (petite), H.	z	10	12
Renouilleux, chât.	s	11	11
Renoullet (moulin de la).	g	7	6
Renbuval, H.	l	3	2
Rentilly, H.	q	9	11
Repentaille, H.	u	16	16
Replonge, H.	y	8	8
Repose (bois de la)	v	4	4
Reposoir (le), F.	n	8	7
Requiecourt, C.	e	2	1
Réserve (la), bois	q	8	7
Réservoir de Chèvre-loup	k	9	10
Réservoir de Louvecienne	k	9	10
Reseux (Notre-Dame de), comm.	e	13	13
Reseux (moulin de)	e	13	13
Resson, H.	y	3	4
Restitude (Sainte), chap.	f	7	5
Resy, chât.	t	9	12
Retal, H.	r	12	11
Retourneloup, F.	v	6	8
Retourneloup, H.	y	8	8
Retz, chât.	i	8	6
Reuil, C.	v	7	8
Reuil, H.	g	5	6
Reuilly-le-bas, chât.	t	9	12
Réveil, F.	v	2	4
Réveillon, H.	x	9	12
Réveillon, F.	b	10	9
Réveillon (le), riv.	g	1	2
Reverderie (la), F.	g	13	14
Revigny, F.	p	13	15
Rezel, F.	t	6	8
Rhéaume (le), H.	k	11	10
Rhés, chât.	c	8	5
Rhétorée, chât.	u	8	8
Rhus, H.	k	3	2
Ribde, chât.	v	11	12
Ribordière (la), F.	d	12	9
Ribauville, H.	k	1	2
Richard (bois)	e	12	9
Richarderie, H.	h	10	10
Richarville, C.	i	15	14
Riche (moulin le)	g	8	6
Richebourg, H.	z	14	16
Richebourg, F.	t	11	12
Richebourg, F.	y	7	8
Richebourg (bois de)	n	6	7
Richemont, H.	l	1	2
Richenou (moulin de)	e	14	13
Richerie (la), H.	d	6	5
Richeville, C.	d	1	1
Richeville, H.	d	9	9
Richeville, chât.	l	11	10
Rigole de Mare-Favreuse	l	10	10
Rigole (maison du garde).	i	10	10
Rigomé (Saint), chap.	s	7	7
Rimbeau, H.	v	15	16
Rimodière (la), F.	i	11	10
Rimoron, F.	k	14	14
Rioris (la), F.	z	9	12
Ritoir, H.	c	7	5
Riotterie (la), F.	s	15	15
Rivalois, F.	l	5	6

R	lett. alph.	chiff. des carr.	n°. de la feui.
Rive (la), H.	h	6	6
Rive (la), H.	a	2	1
Rivière, H.	u	3	4
Rivière (la), H.	c	1	1
Rivière Madame.	p	8	7
Roard, F.	e	12	9
Robert (Saint), F.	z	4	4
Robert (Saint), F.	h	12	10
Robert (Saint), chap.	z	4	4
Robertière, chât.	b	9	9
Robertcourt, F.	b	13	13
Roberts (les), H.	c	9	9
Roberts (petit bois).	f	7	5
Robifoin, H.	d	13	13
Robine (la), F.	k	11	10
Robinson (moulin de).	o	13	15
Roch (Saint), chap.	g	2	2
Roch (Saint), chap.	t	6	5
Roch (Saint), chap.	c	11	9
Roch (Saint), chap.	m	3	2
Roch-Moulincourt (S.), ferme.	c	10	9
Roche (la), H.	a	5	5
Roche (la), H.	c	15	13
Roche (la), H.	e	8	5
Roche (la), H.	l	11	10
Roche (la), F.	u	9	12
Roche (la), F.	n	16	15
Roche (la), H.	l	13	14
Roche (la), chât.	z	8	8
Roches (les), ham. et ferme.	k	11	10
Roche (bois de la).	i	6	6
Roche-Couloire (bois de la).	i	11	10
Roche de Sceaux.	m	12	10
Roche-Fontaine, H.	k	14	14
Rochefort, C.	i	13	14
Rochefort, H.	a	6	5
Rochefort (bois de).	h	13	14
Rochefort (chât. de).	i	13	14
Rocheguion (la), C.	e	4	1
Rochelle (la), F.	r	4	3
Rocher (le), H.	e	13	13
Rocher (le petit), H.	h	13	14
Rocherie (la), H.	k	14	14
Roche (haute), H.	z	6	8
Roches (les), H.	h	11	10
Roches (les), H.	l	10	10
Roches (les), H.	f	15	13
Roches (les), H.	n	15	15
Roches (les), H.	z	6	8
Roches (les), F.	k	16	14
Roches (les), F.	s	14	15
Roches (les), F.	z	4	4
Roches (bois des).	e	14	13
Roches (bois des).	l	15	14

R	lett. alph.	chiff. des carr.	n°. de la feui.
Roches (moulin des).	g	10	10
Roches (moulin des).	h	11	10
Roches-Morsaudes.	q	16	15
Roches-Moreau.	p	16	15
Rochette (la), C.	q	15	15
Rochets (les), F.	y	5	8
Rochets (les), F.	z	7	8
Rochot (moulin).	p	11	11
Roconval (grand), H.	d	4	1
Roconval (petit), H.	d	4	1
Rocourt, C.	z	3	4
Rocourt, ruiné.	i	7	6
Rocourt, fontaine.	o	4	3
Rodmont, C.	v	5	8
Rodon, H.	h	10	10
Rodon, F. et moulin.	i	11	10
Rognon, H.	z	8	8
Rhoard, H.	e	7	5
Romaine (grand), chât.	q	10	11
Romaine (petit), H.	q	10	11
Rondeau (bois du).	e	12	9
Roquemont, C.	s	1	3
Roue (moul. de grande).	f	6	5
Rouget, H.	v	6	8
Roiblé, chap.	s	14	15
Roinville, C.	f	16	13
Roissy, C.	q	10	11
Roissy, F.	o	14	15
Roissy-en-France, C.	o	6	7
Roissy (chât. de).	o	6	7
Roissy (moulin de).	q	10	11
Roissy (moulin de).	o	6	7
Roize, H.	t	8	8
Rolanderie (la), H.	g	8	6
Rolin, chât.	a	5	1
Rolleboise, C.	d	2	5
Romaincourt (moul. de).	n	7	7
Romainville, C.	n	8	7
Romainville, H.	i	11	10
Romainville, F.	h	7	6
Romainville (moul. de).	n	8	7
Romainvilliers, H.	s	9	11
Romangis (la), F.	f	9	9
Rome, F.	g	11	10
Roménel, H.	y	10	12
Romesnil, H.	h	2	2
Rominy, H.	v	7	8
Romny, C.	y	6	8
Ronce (la), H.	l	12	10
Ronce (la), H. et chât.	a	5	5
Ronce (la), F.	s	10	11
Ronce (la), F.	t	11	12
Ronce (la), F.	l	9	10
Ronce (la), F.	r	14	15
Ronce (la), chât.	c	9	9
Ronce (la), chât.	d	11	9
Roncerie (bois de la).	h	11	10

R	lett. alph.	chiff. des carr.	n°. de la feui.
Roncherolles (pet.), chât.	b	1	1
Roncherolles (grand), H.	a	1	1
Roncières, F.	h	1	2
Roncières, H.	k	13	14
Rond-Buisson (bois de). .	q	10	11
Rone, F.	v	4	4
Ronfleur (moulin)	o	13	15
Ronquerolles, C.	l	3	2
Ronqueux, H.	h	12	10
Rocque (la), H.	c	8	5
Roque (la), H.	b	3	1
Roque (la), H.	a	1	1
Roquemont (bois de).	n	4	3
Roquemont.	n	4	3
Roquencourt, C.	k	9	10
Roquette, C.	a	1	1
Rosay, H.	c	11	9
Rosay (le bas), H.	e	7	5
Rosay, chât.	e	7	5
Rosay (bois de).	e	7	5
Rossay (parc de).	f	13	13
Rossay (moulin et ferme de).	f	13	13
Roseau (le), H.	g	11	10
Roselle, F.	v	16	16
Rosier, H.	m	13	14
Rosières (les), H.	a	8	5
Rosne, H.	i	2	2
Rosnel, H.	i	3	2
Rosny, C.	e	6	5
Rosny (bois de).	d	6	5
Rosny (grande île de). . .	e	6	5
Rosny, C.	o	8	7
Rosny (bois de).	o	8	7
Rosoy, C.	t	12	12
Rosset (bois de).	k	13	14
Rossignols (les), F.	o	12	11
Rosty, H.	u	9	12
Roterie (la), F.	i	13	14
Roties (les), H.	d	7	5
Rotis (les), H.	u	16	16
Rotoires (les), H.	a	3	1
Rotties (les), H.	f	13	13
Rottoir (le), H.	k	15	14
Roue (la), chât.	m	13	14
Rouge-Bourse, chât.	v	6	8
Rougeaux (forêt de).	o	14	15
Rougemont, F.	o	7	7
Rougemont, F.	h	7	6
Rougemont (pavillon de), chât.	d	8	5
Rougeville, H.	x	7	8
Rouillard (le), F.	h	6	6
Rouillon, riv.	n	7	7
Rouillon, H.	i	14	14
Rouillon (petit et grand), ham.	q	15	15

R	lett. alph.	chiff. des carr.	n°. de la feui.
Rouillonnerie (la), F.	t	16	16
Rouillot, H.	y	13	16
Rouilly, C.	y	13	16
Rouilly (le haut), H.	t	9	12
Rouinville, C.	i	14	14
Roule (le), H.	a	2	1
Roulets (les), H.	y	8	8
Roullette (la), H.	i	6	6
Roulotte (la), cabane.	u	10	12
Roussay (le), chât.	l	15	14
Rousset, F.	y	8	8
Roussigny, H.	k	12	10
Route (la), H.	r	9	11
Routis (les), H.	a	15	13
Rouvallerie (la), H.	c	5	5
Rouveray, C.	a	5	5
Rouveroy, H.	z	6	8
Rouville, C.	s	2	3
Rouville, H.	v	10	12
Rouville (bois de).	s	2	3
Rouvray, H.	s	13	15
Rouvray (le), F.	n	8	7
Rouvres, C.	c	9	9
Rouvres, F.	n	11	11
Rouvres-sous-Dammartin, C.	r	5	7
Rouvres-en-Multien, C.	u	4	4
Roux (bois de).	l	13	14
Royaumont, F.	o	1	3
Royaumont (abb. de).	n	3	3
Royaumont (bois de).	n	3	3
Rozay-Saint-Albin, C.	y	2	4
Rozeux (bois de).	b	8	5
Rozeux (bois des).	a	9	9
Rozières (bois de).	r	2	3
Rozières-du-Mont-Luat, comm.	r	2	3
Rozoy (le grand), C.	z	1	4
Rozoy-en-Multien, C.	u	4	4
Rubelle, chât.	m	6	6
Rus (le), F.	m	6	6
Ru (ferme du).	u	9	12
Ru (le), F. ruinée.	u	7	8
Ru (le), chât.	v	9	12
Rubelles, C.	q	14	15
Rubentard, F.	x	12	12
Rucelet, H.	x	6	8
Rucourt (haut et bas), ferme.	h	5	6
Rudeverou, H.	v	8	8
Rue, H.	d	12	9
Rue (la), H.	x	12	12
Rue (la), H.	m	6	6
Rue (la), H.	m	10	10
Rue (la), H.	v	6	8
Rue (la), H.	y	13	16
Rue (la), F.	l	11	10

R	lett. alph.	chiff. des carr.	n°. de la feui.
Rue (la), chât.	g	10	10
Rue (grande, H.	f	7	5
Rue (grande), H.	u	8	8
Rue (le grand), H.	l	13	14
Rue (petite), F.	l	13	14
Rue-des-Antiquins, H.	h	15	14
Rue-des-Bois, H.	t	16	16
Rue-de-Milon, H. et F.	t	16	16
Rue-de-Normandie (la), ham.	c	5	5
Rue-de-Noise, H.	y	6	8
Rue-Neuve (la), F.	e	8	5
Rue-Neuve (la), F.	g	10	10
Rue-Neuve (la), chât.	n	7	7
Rue-Verte (la), H.	g	11	10
Rue-Verte (la), H.	h	11	10
Rue-des-Bois, cabane.	x	12	12
Rue-Fauxbourg, H.	g	7	6
Rue-Remy, H	k	5	6
Rue-Dorée (la), H.	l	4	2
Rue-du-Mos (la), H.	f	11	9
Ruel, C.	l	8	6
Ruel, H.	i	3	2
Ruelle (la), F.	s	10	11
Ruelle (la), F.	q	15	15
Rues (les), F.	y	12	12
Ruelles (les), H.	c	3	1
Ruelles (les), F.	z	8	8
Ruffey, H.	a	5	5
Ruisseau, H.	o	16	15
Rully, C.	r	2	3
Rully (moulin de).	q	2	3
Rupereux, C.	y	12	12
Rus (les), H.	f	6	5
Russière (la), H.	c	15	13
Russy, C.	t	1	4
Rut (petit), F.	t	14	16
Rutel, H.	u	6	8
Rutel, chât.	s	7	7
Ruvet, H.	y	6	8
Rungis, C.	n	10	11
Ryard (chât. de).	c	16	13
S			
SABAROIS, F.	v	6	8
Sablonières, C.	y	8	8
Sablonière (la), F.	s	16	15
Sablonière, F.	x	5	8
Sablonière (la), F.	r	9	11
Sablonière (la), H.	b	5	5
Sablons (les), H.	i	11	10
Sablons (les), H.	c	7	5
Sablons (les), H.	k	13	14
Sablons (les), F.	o	1	3
Sablons (bois des).	f	6	5

S	lett. alph.	chiff. des carr.	n°. de la feui.
Sablons (bois des).	g	6	6
Saboterie, H.	b	10	9
Saboterie (la), F.	z	4	4
Saclé, C.	l	11	10
Saclé (petit), F.	k	11	10
Saclé (étang de).	l	11	10
Sacrie (la), F.	z	6	8
Sacy, C.	x	6	8
Sadrancourt, H.	e	5	5
Sagi, C.	h	5	6
Sailliancourt, H.	h	5	6
Sailliancourt (bois de).	h	5	6
Sailly, C.	f	5	5
Saintery, C.	o	13	15
Saintery, garenne.	o	13	15
Saints, C.	u	10	12
Saint-Guenault, F.	n	13	15
Saint-Port, C.	p	14	15
Sainville, C.	g	16	14
Sallée (la), H.	d	7	5
Salerne, H.	v	9	12
Salle (la), F.	z	4	4
Salnove, F.	y	7	8
Salins, C.	u	16	16
Sameron, C.	v	7	8
Samoireau, C.	r	16	15
Samois, C.	r	16	15
Samois (rocher de).	r	16	15
Samson (Saint), F.	r	3	3
Samsons (les), H.	i	3	2
Sancy, C.	z	11	12
Sancy, C.	t	8	8
Sancy (le), H.	b	4	1
Sandricourt, H.	k	2	2
Sandrière (la), F.	g	13	14
Sangle (la), H.	h	6	6
Sanois, C.	l	6	6
Sansalle, F.	q	12	11
Santé (la), F.	p	2	3
Santé (la), F.	m	9	10
Santeuil, C.	h	4	2
Sarasinière (la), H.	e	12	9
Sarazinerie (la), H.	g	11	10
Sarcelles, C.	n	6	7
Sarclement, H.	b	7	5
Sarcy, H.	n	16	15
Sarcy, H.	t	8	8
Sard (le), H.	f	12	9
Sargis, F.	i	11	10
Sargontière, H.	e	11	9
Sartrouville, C.	l	7	6
Sasserie (la), F.	z	4	4
Saudreville, H. et chât.	k	15	14
Sataury, F.	k	10	10
Saturnin (Saint), ruiné.	s	7	7
Saucé, H.	d	11	9
Saucy, H.	o	1	3

S	lett. alph.	chiff. des carr.	n°. de la feui.
Saugis, H	e	12	9
Saugnie, H	d	13	13
Saulchery, C	y	6	8
Sauldrai (bois de)	p	15	15
Saule (haute), F	v	14	16
Saulnière, C	a	12	9
Saulseuse, abb	c	3	1
Saulx (les), H	x	9	12
Saulx (le), H	d	13	13
Saulx-Richebourg, C	e	9	9
Saulx-les-Chartreux, C	m	11	10
Saulx (moulin de)	m	11	10
Saunier, F	f	13	13
Saussaux, F	s	10	11
Saussay, C	b	8	5
Saussay, H	f	5	5
Saussay (le), chât	n	15	15
Saussay (chap. de)	n	15	15
Saussay (le), H	a	2	1
Saussaye (la), F	q	12	11
Saussaye (la), abb	n	10	11
Sausseron (le), riv	l	4	2
Sausseron (le), ruiss	k	3	2
Sausset, H	i	3	2
Sausseux, F	s	14	15
Saussier, F	m	12	10
Saussois, H	u	10	12
Saussoy, F	v	6	8
Saussoy (petit et grand), chât	x	8	8
Sauvage, H	f	13	13
Sauvage (bois de)	f	13	13
Sauvages (les), F	m	13	14
Sauvagemare, F	b	1	1
Sauvagère (la), F	v	10	12
Sauveur (Saint), C	a	13	13
Sauveur (Saint), abb	x	16	16
Sauveur (Saint), chap	f	6	5
Sauveur (Saint), chap	f	4	1
Sauveur (moulin Saint)	x	16	16
Sauveur (Saint), C	p	15	15
Savallerie, H	l	14	14
Savard (le), F	z	7	8
Savarts (les), chât	u	8	8
Saveteux, H	s	14	15
Savigny-sur-Orge, C	n	12	11
Savigny, H	y	13	16
Savigny-le-Temple, C	p	13	15
Savigny, H	o	7	7
Savigny, H	z	11	12
Savonnière, H	e	13	13
Savry, F	l	11	10
Savins, C	x	15	16
Scanne (chât. de la)	d	8	5
Sceaux, C	m	10	10
Sceaux-l'Unité, C. *Voy.* Sceaux	m	10	10

S	lett. alph.	chiff. des carr.	n°. de la feui.
Sceau (le), H	u	13	16
Sceaux (ham. de)	m	10	10
Sceaux (chât. de)	m	10	10
Sébastien (Saint), chap	k	6	6
Sèchecôte, H	c	15	13
Secherons (les), F	v	16	16
Secretin, F	o	5	7
Segrais, chât	l	14	14
Segrets, abb	t	12	12
Segrie (la), F	l	10	10
Segy, C	t	8	8
Seigneurs (bois des)	s	11	11
Seine, riv	a	2	1
Seine, riv	d	5	5
Seine, riv	a	1	1
Seine, riv	m	7	6
Seine, riv	b	6	6
Seine, riv	m	9	10
Seine, riv	e	4	1
Seine, riv	f	6	5
Selle (la), C	h	12	10
Selle (la), C	k	8	6
Selle (bois de)	h	13	14
Séminaire (le), H	c	16	13
Senainville, H	d	15	13
Senancourt, H	e	2	1
Senarmont, chât	b	15	13
Senart (forêt de)	o	12	11
Senart, F	o	12	11
Senart (faisanderie de)	o	12	11
Senantes, C	d	12	9
Sencourt, ruiné	l	5	6
SENLIS, C. 5 postes et demie	p	2	3
Senlisse, C	h	12	10
Senlis (moulin de)	o	11	11
Sennevières, C	s	3	3
Sennevières (moulin de)	s	3	3
Senneville, C	f	7	5
Senon (bois)	i	9	10
Senos, C	i	1	2
Senteny, C	p	11	11
Sepeuile, chât	y	14	16
Sepeuse, ham	v	9	12
Septeuille, C. 8 postes et demie	e	8	5
Septforts, C	v	7	8
Sept-Tourvoy (moul. des)	i	11	10
Sépulcre (le), prieuré	r	5	7
Sépulcre (Saint), chap	d	9	9
Sépulcre, chap	y	4	4
Sépulcre, chap	x	3	4
Seraincourt, C	g	5	6
Serans, C	g	2	2
Serans (petit), H	g	2	2
Serbonne, F	t	9	12
Sereville, H	c	15	13

S	lett. alph.	chiff. des carr.	n°. de la feui.
Serez, C.	b	7	5
Serez-le-Bois, H.	b	7	5
Serge (Saint), F.	e	15	13
Sergy, C.	i	5	6
Sericour, H.	x	7	8
Sermaise, C.	k	14	14
Sermaise, H.	q	15	15
Sermonville, F.	g	16	14
Sermuise, H.	v	14	16
Serpier (moulin).	l	13	14
Serpy (moulin de).	k	13	14
Serisaye (étang du).	f	12	9
Serris, C.	r	9	11
Servais (Saint), chap.	c	11	9
Servenay, chap.	z	1	4
Serville, C.	c	10	9
Serville (petit), H.	c	10	9
Serviny, H.	x	15	16
Servolles, H.	y	15	16
Servon, C.	p	11	11
Sery, C.	s	1	3
Sery (chât. de).	s	1	5
Seugy, C.	n	4	3
Seugy (bois de).	n	3	3
Sœur-Gibon (chap.).	t	7	8
Serveille (haut et bas), H.	y	14	16
Sèves, H.	u	1	4
Sevolle, F.	r	11	11
Sevran, C.	p	7	7
Sèvre, C. 1 poste.	l	9	10
Siaule (la), F.	i	5	6
Siault (la), F.	i	5	6
Signets, C.	u	7	8
Signy, C.	u	7	8
Sigy, C.	x	15	16
Silvelle, F.	s	8	7
Silly, C.	r	4	3
Silly, C.	v	2	4
Silly (moulin de).	r	4	3
Siméon (Saint), C.	x	9	12
Simon (Saint), H.	o	6	7
Simons (les), F.	z	6	8
Simphorien (Saint), C.	b	11	9
Simphorien (Saint), chap.	r	7	7
Symphorien (Saint), C.	f	15	13
Simphorien (Saint), chap.	l	16	14
Sitanguette, F.	o	14	15
Sivière, riv.	x	1	4
Sivry, C.	r	14	15
Sivry-la-Forêt, C.	e	8	5
Sivry (garenne de).	r	15	15
Sognolles, C.	x	15	16
Sognolles, C.	q	12	11
Soignol, H.	l	5	6
Soindre, C.	e	7	5
Soindre (pavillon de), H.	e	7	5
Soissons, F.	u	12	12
Soissy-sous-Enguien, comm.	m	6	6
Soissy, chât.	m	6	6
Soisy, C.	y	15	16
Soisy, F.	z	11	12
Soisy (le port de).	o	12	11
Soisy-sur-Ecolle.	o	15	15
Soisy-sous-Etiolles, C.	o	12	11
Solers, C.	r	12	11
Solins (les), H.	z	8	8
Sommelan, C.	y	3	4
Sonchamp, C.	g	14	14
Sonchamp (bois de).	g	13	14
Sordun, C.	z	14	16
Sordun (forêt de).	z	14	16
Sueurs (les), F.	i	14	14
Sorel, C.	b	9	9
Sortoir, H.	a	10	9
Souard, F.	z	4	4
Soucy, ham. et chât.	l	13	14
Souilly, C.	q	7	7
Souladière (la), H.	k	13	14
Soulaires, C.	d	15	13
Soupanne (la), H.	k	14	14
Souplets (Saint), C.	s	5	7
Soupplainville, F.	g	16	14
Source (la), H.	l	9	10
Sourdeau (le), chât.	s	11	11
Sours, C.	d	16	13
Sous-Carrière, chât.	p	11	11
Sousèche, H.	z	11	12
Sous-Forêt, H.	i	11	10
Souspoix, H. ruiné.	z	13	16
Sous-Rivière (bois de).	n	1	3
Sous-Rivière, chât.	n	1	3
Soussay (la), H.	c	5	5
Soussy, F.	s	16	15
Souveraine (île).	c	4	1
Souville, ruinée.	e	8	5
Souzi, C.	k	14	14
Stains, C.	n	7	7
Stains, F.	q	5	7
Stains (moulin de).	n	7	7
Stors, H.	l	4	2
Suines, H.	q	12	11
Sulpice (Saint), C.	l	14	14
Sulpice-de-la-Haye (S.), comm.	d	9	9
Sulpice-du-bois-Jérôme (Saint), comm.	d	4	1
Sulpice (Saint), chap.	s	2	3
Sulpice (Saint), abb.	q	4	3
Sulpice (Saint), abb.	b	6	5
Surcy, C.	c	3	1
Suresne, C.	l	8	6
Surie (la), H.	f	10	9
Survilliers, C.	p	4	3

S	lett. alph.	chiff. des carr.	n°. de la feui.
Sussée (petit), H.	d	1	1
Sussi, C.	o	10	11
Suzay, C.	c	1	1
T			
TACHY, chât.	y	15	16
Tachy (bois de).	y	15	16
Tacognée, C.	e	9	9
Tacognée (bois de).	e	8	5
Taffarette (la), chât.	q	9	11
Tafournet, F.	y	5	8
Taillettes (les), H.	y	2	4
Tailles d'Herblay.	i	8	6
Tailles de Poncy.	i	8	6
Taillis Defernon (les).	f	12	9
Taillis (les), F.	v	11	12
Taillis (le), F.	v	8	8
Taisson (étang du).	g	12	10
Talibourderie (la), H.	k	12	10
Tallanderie, F.	z	5	8
Talon, H.	i	11	10
Talvoisin, H.	e	15	13
Tamponnerie (la), F.	d	7	5
Tancrou, C.	u	6	8
Tanfort, F.	n	1	3
Tangueux, chât.	v	8	6
Tanqueu, F.	m	15	14
Tanqueux, H.	g	7	6
Tannerie (la), H.	e	8	5
Tartre (le), C.	d	11	9
Tartre (le), H.	u	10	12
Tartre, H.	z	5	8
Tartre (le), H.	f	13	13
Tartre (le), H.	z	4	4
Tartre (le), F.	y	7	8
~~Tarterel~~, F.	v	7	8
Tasse (la), ham.	g	11	10
Tasse (la), F.	d	8	5
Tasse (la), F.	i	12	10
Tasses (grandes), H.	c	5	5
Tasses (petites), H.	c	5	5
Tau (le), H.	u	11	12
Taucèle, chât.	g	7	6
Taurin (Saint), F.	c	4	1
Taux, C.	y	1	4
Tavenotterie (la), F.	t	8	8
Tavernes (les), H.	g	3	2
Taverny, C.	l	5	6
Temple (le), H.	h	6	6
Temple (le), H.	x	10	12
Temples (les), F.	g	7	6
Temple (le), prieuré.	k	16	14
Temple (bois du).	n	12	11
Temps-perdu, F.	m	7	6
Tenières (les), H.	t	15	16

T	lett. alph.	chiff. des carr.	n°. de la feui.
Tenières (les), H.	z	9	12
Tenières (chât. de), ruin.	e	16	13
Tenson (le), F.	t	15	16
Ternes (les), chât.	m	8	6
Terrain (le), riv.	n	1	3
Terre-Rouge, F.	s	9	11
Tertre (le), H.	f	4	1
Tertre (le), F.	i	14	14
Tertre-des-Carrières, F.	x	7	8
Tertre (le), H.	r	16	15
Tertre (le petit), H.	d	7	5
Tessancourt, C.	h	5	6
Tessancourt (pet. et gr.), ham.	i	7	6
Tessé, F.	e	9	9
Tessé, F.	f	8	5
Tessé (moul. et ferme).	f	8	5
Tessoine (la), F.	o	11	11
Tessonerie (la), F.	u	12	12
Tessonville, H.	b	15	13
Testée (bois de la).	e	13	13
Tetoye (la), F.	z	7	8
Teuville, H.	i	3	2
Theil (le), H.	v	9	12
Theleville, H.	c	14	13
Thémericourt, C.	h	4	2
Thén'sy, C.	x	15	16
Thérouane (la), riv.	t	5	8
Thérouanne, riv.	r	4	3
Theuvy, C.	a	14	13
Theuvy (chât. de).	a	14	13
Thève (la), riv.	n	3	3
Thève (la), riv.	p	3	3
Thiais, C.	n	10	11
Thibaudière (la), F.	d	12	9
Thibault-des-Vignes (S.), comm.	q	8	7
Thibault (Saint), chap.	o	14	15
Thibault (prieuré de S.).	d	10	9
Thibault (Saint), chap.	a	11	9
Thièrs, C.	p	3	3
Thieux, C.	q	6	7
Thillay (le), C.	o	6	7
Thillay (chât. de).	o	6	7
Thimecourt, H.	o	4	3
Thionville, C.	d	10	9
Thiverval, C.	h	9	10
Thoillé, H.	a	10	9
Thoiry, C.	f	8	5
Thoiry, chât.	f	8	5
Thomas (Saint), chap.	g	7	6
Thomas (Saint), chap.	s	2	3
Thomas (Saint), chap.	e	1	1
Thométerie (la), F.	e	10	9
Thuile (la), F.	r	5	7
Thuilé (le), F.	d	12	9
Thuilé (bois du).	d	12	9

T	lett. alph.	chiff. des carr.	n°. de la feui.
Thuilerie (la), F.	q	5	7
Thuilerie, F.	y	1	4
Thuilerie, F.	v	6	8
Thuillerie (la), F.	l	15	14
Thuillerie, F.	p	12	11
Thuillerie (petite), F.	p	4	3
Thuillerie (la), H.	q	10	11
Thuillerie (grande), F.	p	4	3
Thuillerie (la), H.	g	9	10
Thuillerie (la), H.	f	1	1
Thuillerie (la), H.	k	14	14
Thuillerie (la), H.	b	5	5
Thuillerie (la), H.	d	8	5
Thuillerie (la), H.	m	2	2
Thuillerie (la), F.	k	15	14
Thuillerie, F.	i	1	2
Thuillerie, F.	e	1	1
Thuillerie.	l	10	10
Thuillerie (la).	i	13	14
Thuillerie, F.	f	4	1
Thuillerie.	l	11	10
Thuillerie.	a	2	1
Thuillerie, F.	f	8	5
Thuillerie, F.	y	6	8
Thuillerie, F.	s	12	11
Thuillerie (la), F.	b	4	1
Thuilerie, F.	x	12	12
Thuillerie, F.	f	5	5
Thuillerie, F.	r	5	7
Thuillerie (la), F.	q	5	7
Thuillerie, F.	i	8	6
Thuillerie-de-Rubizot (la), F.	i	8	6
Thuilleries (les), F.	h	12	10
Thuilleries (les), F.	o	8	7
Thuilleries (les), H.	i	3	2
Thuilleries (les), H.	c	6	5
Thuilleries (les), H.	l	3	2
Thuit (le), C.	b	1	1
Thuit (le), H.	b	3	1
Thuit (le), F.	d	3	1
Thun, H.	h	6	6
Thury, C.	u	3	4
Thury (chât. de).	u	3	4
Tiercelieux, château et chap.	z	9	12
Tiéry (moulin du).	q	2	3
Tigeaux, C.	t	9	12
Tigery, H.	o	12	11
Tigery (chât. de).	o	12	11
Tiget, F.	y	8	8
Tigny, C.	y	1	4
Tillet (bois de).	t	2	4
Tillet (le), H.	g	3	2
Tillet (le), H.	m	1	2
Tillet (le), H.	x	7	8
Tillet (le), F.	i	9	10

T	lett. alph.	chiff. des carr.	n°. de la feui.
Tilleuse (la), F.	f	5	5
Tilli, C.	d	8	5
Tilliers (les), F.	c	10	9
Tilliers (le), H. 9 postes et demie.	d	1	1
Tilloy, F.	u	10	12
Tilly, C.	c	3	1
Tilly, chât.	o	14	15
Tilmont, chat.	o	8	7
Tiocy, C.	t	5	8
Tirepeine, F.	l	16	14
Tiron, chap.	d	6	5
Tiron, F. et chap.	e	3	1
Tirpesne (bois de).	g	14	14
Tirron, F.	d	6	5
Tivernon (bois de).	h	12	10
Tivernon, F.	h	12	10
Tiverny, C.	n	1	3
Tizon, H.	a	10	9
Tobie, F.	z	6	8
Toeny, C.	b	2	1
Tonnerre (bois de).	g	7	6
Toraille, H.	z	8	8
Torchamp, F.	v	6	8
Torcy, C.	q	9	11
Torcy, F.	y	10	12
Torfou, C.	l	14	14
Torigny, C.	r	8	7
Touche (la), H.	g	11	10
Touche (la), H.	v	10	12
Touche (la), F.	a	13	13
Touchet (le), F.	k	15	14
Touches, F.	s	6	7
Touche (la), H.	k	13	14
Toufles (les), H.	b	4	1
Toulot, H.	z	11	12
Touquin, C.	u	11	12
Tour, F.	m	12	10
Tour (la), chât.	u	10	12
Tour (étang de la).	g	12	10
Tour (moulin de la).	l	7	6
Tour au Bègue.	g	1	2
Touranis (les), H.	i	14	14
Tour de Copin.	n	6	7
Toureau, F.	k	16	14
Tourelle (la), F.	c	4	1
Tour de Feucheroles (la), ruinée.	h	8	6
Tour-Gille, ruiné.	l	1	2
Tourly, C.	h	2	2
Tourly, (canal de).	h	2	2
Tournainville, H.	c	13	13
Tournam, C.	r	10	11
Tournebœuf, F.	t	15	16
Tourneboisset, H.	b	7	5
Tournebut, H.	a	2	1
Tournelle (la), F.	l	8	6

T	lett. alph.	chiff. des carr.	n°. de la feui.
Trois-Maisons (les), H.	z	9	12
Trois-Maisons (les), H.	s	10	11
Trois-Maisons (les)	l	8	6
Trois-Maisons (les), F.	s	15	15
Trois-Maisons, H.	l	15	14
Trois-Maisons, F.	v	11	12
Trois-Moulins, F.	q	14	15
Trois-Moulines (les)	c	12	9
Trompettes (les), chât.	q	8	7
Troncet (petit), F.	z	6	8
Tronchet (le), H.	u	9	12
Tronchet (le), chât.	i	16	14
Tronsoy (bois du)	s	3	3
Trossy, H.	o	2	3
Trotigny, H.	i	11	10
Trotigny (bois de)	i	11	10
Trou, F.	l	13	14
Trou (le), F.	o	9	11
Trous (les), C.	i	12	10
Troux (bois des)	i	12	10
Trouaine, C.	v	2	4
Troucy, C.	y	4	4
Trou-d'Enfer, F.	k	9	10
Trou-Moreau, F.	i	9	10
Trou-Salé (étang du)	k	10	10
Troussebâton, H.	e	12	9
Troussevache, H.	v	5	8
Trouverie (la), F.	e	12	9
Trouvillard, F.	h	15	14
Trouvoisin, H.	k	2	2
Trugny, chât.	z	4	4
Truie (moulin de la)	n	6	7
Truisy, chât.	s	13	15
Trumilly, C.	r	1	3
Tuile, F.	y	1	4
Tuilerie, F.	z	3	4
Tuilerie, F.	y	11	12
Tuilerie, F.	u	2	4
Tuilerie (la), F.	k	11	10
Tuileries (les), H.	g	10	10
Tuilerie, F.	z	3	4
Tuilerie, F.	a	9	9
Tuilerie, F.	e	9	9
Tuillerie, F.	x	2	4
Tuillerie, F.	v	4	4
Tuillerie, F.	y	1	4
Tuillerie (la), F.	t	14	16
Tuillerie (la), F.	r	11	11
Tuillerie (la), F.	z	15	16
Tuillerie (la), F.	u	16	16
Tuillerie (la), F.	v	14	16
Tuillerie (la), F.	e	12	9
Tuillerie (la), H.	c	8	5
Tuillerie (la)	e	10	9
Tuillerie, F.	x	9	12
Tuillerie (la), F.	u	8	8
Tuillerie (la), F.	i	13	14

T	lett. alph.	chiff. des carr.	n°. de la feui.
Tuillerie (la), F.	k	12	10
Tuilleries, F.	z	8	8
Tuiliers, H.	b	9	9
Tumberel, H. et chât.	i	2	2
Turlu (bois de)	m	2	2
Tuyole (la), F.	l	5	6
U			
UBERVILLE, H.	b	8	5
Ully-Saint-Georges, C.	m	1	2
Umpeaux, C.	e	15	13
Urbaise (fontaine Saint)	p	2	3
Ursin (Saint), chap.	d	2	1
Us, C.	h	4	2
Usage de Chezy	v	3	4
Usage de Montigny	v	4	4
Ussy, C.	u	7	8
Ussy (chât. d')	v	6	8
V			
VACHE-NOIRE (la), H.	s	3	3
Vache-Noire, cabaret	m	6	6
Vacheresses-les-Basses, comm.	c	13	13
Vacheresses-les-Hautes, ham.	d	12	9
Vacheresse (la), H.	k	12	10
Vacherie (la), H.	t	14	16
Vacherie, H.	b	1	1
Vacherie (la), H.	v	9	12
Vacherie (petite et grande), hameaux	x	9	12
Vacherie, cabane	e	4	1
Vagau (moulin de la)	h	11	10
Vailly, H.	v	3	4
Vaire, C.	n	16	15
Vaires, C.	q	8	7
Vaires (bois de)	q	8	7
Val (le), F.	m	3	2
Val (le), H.	x	9	12
Val, H.	k	6	6
Val (le), H.	a	10	9
Val (le), chât.	k	7	6
Val (le), chap.	a	4	1
Val (grand), H.	t	7	8
Val (petit), H.	c	4	1
Val (petit), H.	t	7	8
Val (petit), H.	o	10	11
Val (grand), chât.	o	10	11
Val (haut et bas), H.	y	10	12
Val (abbaye du)	l	4	2
Val (grand). *Voy.* Verle-Grand, C.	n	14	15

V	lett. alph.	chiff. des carr.	n°. de la feui.
Val (petit). *Voy.* Ver-le-Petit, C.	n	14	15
Val-d'Acconville, H.	c	5	5
Val-d'Ailly, H.	a	2	1
Val-d'Anid, H.	a	3	1
Val-d'Aunay (le), H.	g	7	6
Valaise (la), fontaine	p	4	3
Valance, C. 8 postes	t	16	16
Valance, C.	s	16	15
Valance, F.	g	6	6
Valance, F.	h	11	10
Valance (petit), F.	h	11	10
Valance (bois de)	t	16	16
Valance (bois de)	s	16	15
Valange, F.	l	11	10
Valantgoujard, C.	k	3	2
Valaterie (la), F.	e	9	9
Valborge, chât.	m	13	14
Val-Contal (le), H.	c	6	5
Val-Courbon, C.	d	3	1
Val-d'Enfer, F.	l	10	10
Val-Durand (le), H.	g	8	6
Valdosne, H.	n	9	11
Val-de-Meudon (le), H.	l	9	10
Valecourt, H.	f	2	1
Valentins (les), F.	i	13	14
Valenton, C.	o	10	11
Valerie, F.	x	1	4
Val-Garangis (le), H.	e	12	9
Valgenseuse, H.	p	2	3
Val-Guerin (le), F.	g	11	10
Val-Guion (le), ruiné	d	5	5
Valhermeil, H.	k	5	6
Valheureux, H.	k	1	2
Valière, H.	h	4	2
Valière, riv.	p	3	3
Valjouan, C.	u	15	16
Valjoyeux (la), F.	i	9	10
Val-Léger, H.	a	9	9
Vallée (la), H.	f	7	5
Vallée (la), H.	m	14	14
Vallée (la), H.	a	9	9
Vallées (les), H.	h	11	10
Vallée (la), H.	d	8	5
Vallée (la petite), H.	f	5	5
Vallée (la grande), H.	f	5	5
Vallée (petite et grande), ferme	r	15	15
Vallée (la petite), F.	e	12	9
Vallée (la pet. et grande), ham.	e	12	9
Vallée (chât. de la)	d	16	13
Vallées (les), F.	c	4	1
Vallées (les), fermes	x	1	4
Vallées (les), F.	z	7	8
Vallées (les), H.	z	4	4
Vallées (les), H.	p	16	15

V	lett. alph.	chiff. des carr.	n°. de la feui.
Vallées (les), H.	s	14	15
Vallées (bois des)	y	9	12
Vallée-Bance (la), H.	a	4	1
Vallée-Coterel, F.	g	10	10
Vallée-au-Gerrier (la), ham.	e	11	9
Vallée-de-Luisant, H.	c	16	13
Vallée-de-Nadon (les), fermes	x	1	4
Vallée-d'Orvilliers (la), H.	i	6	6
Vallée-des-Prez, H.	d	6	5
Vallée-aux-Peines (la) ham.	d	6	5
Vallée de la Solle	q	16	15
Vallière (moulin de)	p	4	3
Valmartin, H	i	8	6
Valmondois, C.	l	4	2
Valnay, F.	k	16	14
Valpendant, F.	m	4	2
Valperron (bois de)	e	4	1
Valprofond, F.	p	2	3
Val-Saint-Germain (le), ou Sainte-Julienne-le-Désert, C.	i	14	14
Val-Secret, abb.	z	4	4
Vanchetif, H.	z	9	12
Vandrest, C.	v	5	8
Vandrie (la), H.	u	9	12
Vanne (la), chât.	x	9	12
Vanne (moulin de)	k	6	6
Vannes, F.	v	6	8
Vanry, F.	v	7	8
Vantelet, F.	x	5	8
Vanteuil, chât.	v	7	8
Vanves, C.	m	9	10
Vanvillers, C.	v	14	16
Vapré, F.	x	7	8
Varaire (chât. de)	p	13	15
Vareilles, chât.	y	3	4
Varennes, C.	p	12	11
Varennes, H.	r	7	7
Varennes, F.	n	16	15
Varennes, F.	n	15	15
Varolles, F.	z	5	8
Varreddes, C.	t	6	8
Vasiers (les), F.	u	7	8
Vasse, H	v	4	4
Vasse, chât.	v	4	4
Vasseau (le), F.	e	14	13
Vast (Saint), C.	n	1	3
Vast (Saint), C.	v	2	4
Vathier-le-Voisin, H.	t	1	4
Vatimesnil, H. et chât.	d	1	1
Vatimenil, H.	d	1	1
Vatteport, H.	a	1	1
Vatteville, C.	a	1	1
Vatry, H.	z	8	8

V	lett. alph.	chiff. des carr.	n°. de la feui.
Vaubenard, F.	i	14	14
Vauboyan, H.	l	10	10
Vaubrouin (bois de)	v	4	4
Vaucel, H.	l	5	6
Vaucelas, H.	k	15	14
Vaucheron (le), F.	i	9	10
Vaucienne, C.	u	1	4
Vaucluse ou la Gilquinière, H.	b	12	10
Vaucouleur, riv.	e	7	5
Vaucourtois, C.	t	8	8
Vaucresson, C.	k	9	10
Vaudencourt, C.	f	2	1
Vauderlant, C.	o	6	7
Vaudoire (la), F.	k	7	6
Vaudouleur, chap.	l	16	14
Vaudoy, C.	v	11	12
Vaugien (chât. de)	k	11	10
Vaugien (vieux chât. de).	k	11	10
Vaugien (moulin de)	k	11	10
Vaugirard, C.	m	9	10
Vaugrineuse, C.	k	13	14
Vaugrineuse, F.	n	15	15
Vauhallan, C.	l	11	10
Vauhallan (ruiss. de)	l	11	10
Vaujard, F.	u	12	12
Vaujour, H.	k	5	6
Vaujours, C.	p	7	7
Vaulerant, F.	p	5	7
Vaulevraut, H.	z	10	12
Vaulhard, F.	b	11	9
Vaully (la), riv.	z	14	16
Vaultière (nuisance de la), F.	u	12	12
Vauluceau, H.	k	9	10
Vaumartin, H.	z	8	8
Vaumoise, C.	t	1	4
Vaumurier, H.	i	11	10
Vaumoux, F.	y	11	12
Vauparfond, H.	c	16	13
Vaupleux, F.	u	9	12
Vaupereux, F.	l	10	10
Vaupelin, moulin	k	10	10
Vauréal, C.	i	5	6
Vaurinfroy, C.	u	4	4
Vauroux, F.	k	16	14
Vaussevin, H.	c	16	13
Vaussy, H.	u	1	4
Vauve, H.	p	15	15
Vauventriers (chât. de).	c	15	13
Vauver, F.	k	16	14
Vaux, C.	h	6	6
Vaux, C.	a	5	5
Vaux, F.	u	12	12
Vaux, F.	k	7	6
Vaux, F.	y	3	4
Vaux, H.	y	5	8

V	lett. alph.	chiff. des carr.	n°. de la feui.
Vaux (les), H.	t	12	12
Vaux, H.	k	5	6
Vaux, H.	h	2	2
Vaux (les), H.	o	13	15
Vaux (les), H.	u	14	16
Vaux, H.	v	6	8
Vaux, H.	u	9	12
Vaux, H.	g	7	6
Vaux, H.	f	1	1
Vaux, H.	l	3	2
Vaux (grand), H.	m	12	10
Vaux (petit), H.	m	12	10
Vaux, chât.	o	1	3
Vaux (petit et grand), ham.	q	15	15
Vaux (bois de)	i	6	6
Vaux (étang des)	h	12	10
Vaux-sous-Coulombes, comm.	v	4	4
Vaux-Gaillard, F.	h	6	6
Vaux-le-Penil, C.	q	14	15
Vauxmion (le), H.	e	3	1
Vaux-Parfond, H.	v	3	4
Vaux-Villard (chât. de). *Voy.* chât. de Praslin.	r	14	15
Veaubrun, H.	c	12	9
Veaulaurent (bois du)	k	13	14
Veaux-du-Cernay (les), comm.	h	12	10
Veaux (les), chât.	b	6	5
Veaux (les), F.	b	3	1
Veaux, H. et chât.	p	12	11
Veaux (les petits), H.	b	6	5
Veaux (les grands), H.	b	6	5
Veaux-Goulans (bois de).	l	13	14
Velisy, C.	l	10	10
Vemars, C.	p	5	7
Venables, C.	a	2	1
Venant, chât.	k	15	14
Vente (la grande), F.	u	16	16
Ventrouillerie (la), chât.	c	8	5
Ver, C.	q	4	3
Ver-le-Grand ou Val-Grand, C.	n	14	15
Ver-le-Grand (chât. de).	n	14	15
Ver-le-Petit ou Val-Petit, comm.	n	14	15
Ver-Buisson, H.	c	1	1
Verdelettes (les), H.	z	6	8
Verdelot, C.	z	8	8
Verdelot (prieuré de)	z	8	8
Verderie (la), F.	z	4	4
Verdilly, C.	z	4	4
Verdry, F.	z	7	8
Verdure (la), H.	y	7	8
Vereneau, H.	p	14	15
Verger (le), H.	a	10	9

V	lett. alph.	chiff. des carr.	n^os de la feui.
Verger (le), H.	f	12	9
Verger (le), H.	v	14	16
Verigny, C.	a	15	13
Verines, C.	r	1	3
Vermanderie (la), F.	h	12	10
Vernelles, abb.	u	5	8
Vernet, F.	q	12	11
Verneuil, C.	o	1	3
Verneuil, C.	h	6	6
Verneuil, C.	s	12	11
Verneuil (bois de).	h	6	6
Vernon, C. 10 post. et d.	c	4	1
Vernon (forêt de).	c	4	1
Vernonnet, C.	c	4	1
Vernouillet, C.	h	6	6
Vernouillet-les-Dreux, comm.	b	11	9
Vernouillet, H.	p	12	11
Vernouillet, chât.	s	12	11
Vernouillet (moulin de).	h	6	6
Vernouillet (moulin de).	s	13	15
Veronge, F.	z	10	12
Verrerie (ferme de la).	g	13	14
Verrerie de la Garre.	n	9	11
Verrerie de Sèvre.	l	9	10
Verrerie (parc de la).	h	12	10
Verrière (la), C.	h	10	10
Verrières, C.	m	10	10
Verrières (bois de).	l	10	10
Verrière (la), H.	d	7	5
Verrières (les), F.	c	1	1
Verrinerie (la), H.	k	11	10
Verrines (les), H.	v	14	16
VERSAILLES, C. 2 post. un quart.	k	10	10
Versailles (chât. de).	k	9	10
Versailles (parc de).	i, k	9, 10	10
Versailles (faisand. de).	i	9	10
Verse, F.	z	12	12
Versigny, C.	r	3	3
Versines (les), chât.	o	1	3
Vert, C.	e	7	5
Vert, C.	a	10	9
Verte (la forêt).	g	12	10
Vertèle (les), F.	x	6	8
Vertesalle (la), H.	h	7	6
Verteville, H.	i	1	2
Vert-Galant, chât.	p	7	7
Vert-Saint-Denis, C.	p	14	15
Vert-Saint-Père, F.	r	13	15
Vertus (les) ou Aubervilliers-les-Paris.	n	7	7
Vervier, F.	r	5	7
Verville, H.	l	13	14
Verville, F.	l	4	2
Verville (la), F.	n	14	15
Vesgre (la), riv.	e	10	9

V	lett. alph.	chiff. des carr.	n^o. de la feui.
Vesgre, riv.	c	8	5
Vesgre (la), riv.	d	9	9
Vesinet (bois du).	k	8	6
Veslanes, H.	g	7	6
Veslane-Bose, H.	g	3	2
Veslane-la-Ville, H.	g	3	2
Vesly, C.	e	1	1
Vetheuil, C.	f	5	5
Vets (petit), H.	u	1	4
Veuilly-la-Potterie, C.	x	4	4
Vez, C.	u	1	4
Vezillon, C.	b	2	1
Viarmes, C.	n	3	3
Viarnois (étang du).	u	8	8
Vic, C.	g	9	10
Vic (Saint), C.	p	4	3
Vichel, C.	y	2	4
Victoire (la), abb.	p	2	3
Victor (Saint), F.	k	2	2
Videlle, F.	i	13	14
Videlles, C.	n	16	15
Videville, chât.	h	8	6
Vieilles-Chapelles (les), ferme.	s	11	11
Vieille-Estrée, H.	a	10	9
Ville-Fermoy (forêt de).	s	15	15
Vieille Garenne.	v	4	4
Vieilles-Maisons (les), ham.	c	6	5
Vieille-Mer (la), riv.	n	7	7
Vieille-Poste, F.	n	11	11
Vieilles-Ventes, H.	b	9	9
Vieille Tour de l'Etang.	g	12	10
Vieillotte (la), H.	h	11	10
Vierme, riv.	i	5	6
Vienne, H.	u	13	16
Vienne, H.	f	5	5
Viercy, F.	q	13	15
Viés-Eglise, C.	g	12	10
Vieuville (pet. et gr.), F.	f	9	9
Vieux-Champagne, C.	v	13	16
Vieux-Château, H.	u	16	16
Vieux-Maisons, C. 11 post.	z	8	8
Vieux-Maisons, C.	y	11	12
Vieux Moulin, F.	o	15	15
Vieux-Nouel, H.	t	7	8
Vieux-Villars, H.	x	11	12
Vieu-Villers, C.	a	3	1
Vigne (la).	f	13	13
Vigne (bois de la).	n	2	3
Vignes (les), H.	c	9	9
Vignes (les), H.	e	9	9
Vignely, C.	s	7	7
Vignereuil, H.	k	2	2
Vignette (la), H.	a	6	5
Vignette (la), F.	p	3	3
Vignette (la), F.	g	10	10

V	lett. alph.	chiff. des carr.	n°. de la feui.
Vignettes (les), F.	d	7	5
Vigneau, chât.	v	12	12
Vigneux, C.	n	11	11
Vignole, F.	o	1	3
Vignolles, H.	r	11	11
Vignory, H.	z	11	12
Vigny, C.	h	4	2
Vigny, H.	a	3	1
Vigny, chât.	b	12	9
Vigor (Saint), C.	a	4	1
Vilaine, H.	m	11	10
Vilaine, C.	i	7	6
Vilhour, F.	i	14	14
Villacoublay, H.	l	10	10
Villaines-en-France, C.	n	4	3
Villaine, H.	q	7	7
Villamont, H.	a	9	9
Villancie, F.	h	9	10
Villarceau, H.	u	11	12
Villarceaux, H.	f	8	5
Villarceau, prieuré.	e	4	1
Villarceau, chât.	l	12	10
Villarceau, chât.	q	10	11
Villards, H.	x	10	12
Villare, F.	x	7	8
Villaroche, H.	q	13	15
Villaroy, H.	k	10	10
Villars, H.	x	12	12
Villars-les-Demoiselles, ferme.	v	12	12
Vilbert, C.	t	12	12
Vilbois, chât.	l	11	10
Vilbon, F.	l	10	10
Vilbon, chât.	l	11	10
Ville, F.	h	14	14
Ville, F.	p	16	15
Ville (petite), F.	u	15	16
Ville (la), H.	a	3	1
Ville (moulin de la).	n	2	3
Ville (moulin de la).	f	15	13
Villabbé, C.	o	13	15
Ville-aux-Bois (la), F.	x	12	12
Villebertin (la), F.	s	10	11
Villeblin, F.	r	13	15
Ville-Bourguignon, H.	v	12	12
Ville-Bousin, chât.	m	12	10
Ville-Bouvet, H.	p	13	15
Ville-Cendrier, F.	y	14	16
Ville-Chamblon, F.	z	7	8
Villechevret, H.	v	12	12
Villeconin, C.	k	15	14
Villecoy, F.	g	11	10
Villecrène, C.	p	11	11
Villedavray, C.	l	9	10
Ville-Dedon, H.	o	13	15
Ville-Dieu (la), H.	l	11	10
Ville-Dieu (petite), H.	h	10	10

V	lett. alph.	chiff. des carr.	n°. de la feui.
Ville-Dieu (la), chap.	h	10	10
Villedombe, H.	k	11	10
Ville-Dubois (la), C.	m	12	10
Ville-Dubois, chât.	t	11	12
Villée, F.	r	10	11
Ville-Evrard, chât.	p	8	7
Ville-l'Evêque, C.	d	8	5
Ville-Fermoy, H.	t	14	16
Ville-Fermoy (forêt de).	t	14	16
Ville-Feux, ruiné.	l	12	10
Villeflix, chât.	p	9	11
Villeflond, H.	x	11	12
Villegagnon, C.	x	12	12
Villegats, C.	c	6	5
Villegenard, chât.	r	11	11
Villegenard (moulin de).	r	11	11
Villeginis, chât.	l	11	10
Villejust, C.	l	12	10
Villejuif, C. 1 poste.	n	10	11
Ville-Jourdain (la), F.	v	8	8
Ville-l'Abbé, F.	s	15	15
Ville-Louvette, F.	o	13	15
Villemain, chât.	q	11	11
Villemareuil, C.	t	7	8
Villemarie, chât.	u	13	16
Ville-Martin, chât.	l	16	14
Villemeau, H.	v	6	8
Villemeneu, H.	p	12	11
Villemenon, chât.	p	11	11
Villemetrie, H.	p	2	3
Villemeux, C.	c	12	9
Villemigeon, chât.	r	10	11
Villemoisson, C.	m	12	10
Villemomble, C.	o	8	7
Villenavotte, H.	v	16	16
Villeneuve, C.	l	15	14
Ville-Neuve (la), H.	f	4	1
Villeneuve, H.	b	7	5
Villeneuve, H.	m	1	2
Ville-Neuve (la), H.	e	12	9
Villeneuve, H.	h	10	10
Villeneuve, C.	y	8	8
Villeneuve (la), C.	h	5	6
Villeneuve (la), C.	i	1	2
Villeneuve, H.	i	14	14
Villeneuve (la), H.	g	12	10
Villeneuve, H.	i	11	10
Villeneuve (la), H.	e	5	5
Villeneuve, H.	k	15	14
Villeneuve (la), H.	f	7	5
Villeneuve, F.	i	14	14
Ville-Neuve (la), chât.	i	15	14
Villeneuve, F.	k	16	14
Villeneuve (la), H.	b	3	1
Villeneuve (la), H.	e	3	1
Villeneuve (la), H.	h	12	10
Villeneuve, H.	t	9	12

V	lett. alph.	chiff. des carr.	n°. de la feui.
Villeneuve (moulin de).	o	11	11
Villeneuve (moulin de)..	q	5	7
Villeneuve-aux-ânes, F.	q	8	7
Villeneuve-les-Augez, ham.	s	2	3
Villeneuve-sur-le-Bois, F.	x	9	12
Villeneuve-en-Cheuvry (la), C.	d	5	5
Villeneuve-le-Comte, C.	s	9	11
Villeneuve-l'Etang, chât.	l	9	10
Villeneuve-la-Garenne, comm.	m	7	6
Villeneuve-la-Hurée, C.	u	11	12
Villeneuve-Saint-Denis, comm.	r	9	11
Villeneuve-Saint-Georges, C. 2 postes.	o	11	11
Villeneuve-sous-Dammartin, C.	q	5	7
Villeneuve-sur-Seine, C.	n	11	11
Villeneuve-sur-Seine, C. 9 postes.	u	15	16
Villeneuve-le-Roi. *Voy.* Villeneuve-sur-Seine..	n	11	11
Villeneuve-le-Roi. *Voy.* la Villeneuve.	i	1	2
Villeneuve-sur-Verberie, comm. *Voyez* Neuville.	q	1	3
Villeneuve-sous-Thury, comm.	u	3	4
Villeneuve.	l	9	10
Villenevotte, F.	t	12	12
Villenoy, C.	s	7	7
Ville-Oison, H.	o	13	15
Villeparisis, C.	q	7	7
Ville-Patou, H.	r	11	11
Villepayen, F.	r	12	11
Villepesque (chât. de).	o	13	15
Ville-Pierreuse, H.	k	14	14
Villepinte, C.	p	6	7
Villepreux, C.	i	9	10
Villeprés, F.	t	12	12
Villeras, H.	l	10	10
Villeray, H.	g	15	14
Villeray, F.	o	13	15
Villeron, C.	p	5	7
Villeron (chât. de).	p	5	7
Villers, C.	d	1	1
Villers-en-Artie, C.	f	4	1
Villers-en-Beauce, C. *Voy.* Saint-Bouville...	m	16	14
Villers-Coterets, comm. 9 postes et demie.	v	1	4
Villers-Coterets (chât. de).	v	1	4
Villers-Coterets (forêt de).	v	1	4

V	lett. alph.	chiff. des carr.	n°. de la feui.
Villers-Coterets (grand parc de).	v	1	4
Villers-Esmy-les-Champs, comm.	s	2	3
Villers-Saint-Frambourg, comm.	q	1	3
Villers-Saint-Genetz, C.	t	3	4
Villershelon, C.	x	1	4
Villers-sous-S.-Leu, C..	n	2	3
Villers-Saint-Paul, C...	o	1	3
Villers-les-potées, H...	u	3	4
Villers-Petit, H.	x	2	4
Villers-les-Ri[illegible]aux, C...	u	6	8
Villers-sur-le-Roule, C.	a	2	1
Villers, H.	c	1	1
Villers (moulin de).	q	1	3
Villeroy, C.	r	6	7
Villeroy (chât. de).	r	6	7
Villeroy (chât. de).	n	14	15
Villeroy (maison du garde de), F.	n	14	15
Villetaneuse, C.	m	7	6
Villetaneuse, chât.	m	7	6
Villetertre (la), C.	h	2	2
Villette, C.	e	7	5
Villette (la), C.	n	8	7
Villette (la), F.	i	1	2
Villette, F.	e	7	5
Villette (chât. de).	h	5	6
Villette-aux-Aunes (la), ham.	p	6	7
Villette-les-Bois, H....	a	14	13
Villette-Saint-Denis (la), ham.	n	8	7
Villette-le-Moutier, C..	a	13	13
Villez, H.	d	5	5
Villez-sous-Bailleul, C..	b	4	1
Villez-Latouche, H....	a	13	13
Villiers, C.	m	15	14
Villiers, C.	p	9	11
Villiers, C.	m	8	6
Villiers-Adam, C.	l	5	6
Villiers-le-Bacle, C.	k	10	11
Villiers-le-Bel, C.	n	6	7
Villiers-en-Bière, C....	p	15	15
Villiers-en-Décèvre, C.	c	7	5
Villiers-le-Mahieux, C..	f	8	5
Villiers-le-Sec, C.	n	4	3
Villiers-Saint-Georges, comm.	z	12	12
Villiers-sur-Marne, C. et chât.	y	6	8
Villiers-sur-Morin, C..	s	8	7
Villiers-les-Morlières, C.	d	13	13
Villiers (chât. de).	d	13	13
Villiers, F.	x	8	8
Villier, F.	p	14	15

V	lett. alph.	chiff. des carr.	nº. de la feui.
Villiers, F.	r	11	11
Villiers, F.	a	12	9
Villiers, F.	h	8	6
Villiers, H.	f	15	13
Villiers, H.	l	11	10
Villiers, H.	s	16	15
Villiers, H.	e	16	13
Villier (petit), H.	x	7	8
Villiers, H.	v	10	12
Villiers, H.	l	12	10
Villiers, chât.	i	7	6
Villiers (chât. de)	m	15	14
Villiers (cul-de-sac de), ham.	g	9	10
Villiers (étang de)	k	11	10
Villiers (étang de)	u	8	8
Villiers-les-Maillets, ham.	z	9	12
Villiers-les-Oudets, F.	g	16	14
Villiers-sous-Rognon, ham.	u	8	8
Villiers-Templon, chât.	y	11	12
Villiers-le-Vaste, H.	x	5	8
Villmitau, chât.	m	11	10
Vilotte (la), F.	v	10	12
Villouvette, F.	l	14	14
Vilpair (bois de)	f	11	9
Viltain (petit et grand), ferme	k	10	10
Vilvaudé, H.	q	7	7
Vilvert, H.	p	2	3
Vilvert, F.	i	12	10
Vilvert (grand et petit), ferme	l	10	10
Vilvert (bois de)	i	13	14
Villy, H.	x	4	4
Vilziers, H.	l	12	10
Vimbre, F.	v	12	12
Vimpelles, C.	x	16	16
Vimpont (le), H.	i	14	14
Vinante, C.	r	6	7
Vincelle, H.	z	5	8
Vincelles, H.	t	7	8
Vincennes, chât.	n	9	11
Vincent (Saint), C.	b	4	1
Vincent (Saint), F.	z	5	8
Vincent (Saint), F.	i	9	10
Vincent (bois de Saint)	g	6	6
Vincourt, H.	i	6	6
Vincy, C.	t	4	4
Vindrins (bois de)	g	12	10
Vinerville, H.	e	13	13
Vineuil, H.	r	6	7
Vineuil, H.	o	2	3
Vineuil (bois de)	o	2	3
Vinot, F.	z	8	8
Vinot, F.	z	7	8
Vinot (le), F.	x	9	12
Vinot (le), F.	y	8	8
Vintué, F.	l	15	14
Violaine, F.	r	9	11
Violaine-sur-Longpont, ham	x	1	4
Violette, châ.	p	12	11
Viorne, riv.	i	4	2
Viroflay, C.	k	9	10
Viroflay (petit), H.	l	9	10
Virolet, F.	c	4	1
Viry, C.	n	12	11
Vissous, C.	m	11	10
Visy, H.	s	11	11
Vitry, C.	n	10	11
Vitry, H.	s	12	11
Vitry (bois de)	r	12	11
Vitry (étang de)	e	10	9
Vitry (moul. de la pointe de)	n	9	11
Vivier (le), F.	r	15	15
Vivier (le), F.	u	13	16
Vivier (le), chât.	s	8	7
Vivier (bois du)	o	5	7
Vivier (bois du)	s	11	11
Viviers (le), H.	m	1	2
Vivray (le), H.	h	1	2
Vivray (étang du)	l	4	2
Vivret, H.	y	5	8
Vleu, H.	r	1	3
Vobigny, H.	z	8	8
Voigny, H.	x	9	12
Voigny, H.	z	10	12
Voise, F.	h	12	10
Voise, riv.	e	15	13
Voisenon (chât. de)	q	14	15
Voise-Villeneuve, H.	d	14	13
Voinsles, C.	u	11	12
Voisin, H.	k	8	6
Voisin, H.	q	7	7
Voisin, H.	s	8	7
Voisin, H.	u	9	12
Voisin (chât.)	f	12	9
Voisin, chât.	f	13	13
Voisin (bois)	e	12	9
Voisine (la), F.	h	13	14
Voisins-le-Bretonneux, C.	i	10	10
Voisins-le-Thuit, H.	k	11	10
Voisins, chât.	v	10	12
Volailles (les), F.	f	12	9
Volailles (bois des)	f	12	9
Volée (la), H.	z	8	8
Voluiso, H.	y	9	12
Vorpillière, H.	x	7	8
Vosseaux (les), châteaux.	l	3	2
Vouast (le), H.	f	2	1
Voulangis, H.	s	9	11

OMISSIONS.

FIN.

DE L'IMPRIMERIE DE CRAPELET.

www.ingramcontent.com/pod-product-compliance
Ingram Content Group UK Ltd.
Pitfield, Milton Keynes, MK11 3LW, UK
UKHW020328250726
13967UKWH00004B/1920